25 Jahre Kauderwelsch
Jubiläumsband 3
Italienisch 3 in 1

# Impressum

**25 Jahre Kauderwelsch, Jubiläumsband: Italienisch 3 in 1**

Ela Strieder: **Italienisch — Wort für Wort**
Michael Blümke: **Italienisch kulinarisch**
Michael Blümke: **Italienisch Slang**

erschienen im REISE KNOW-HOW Verlag Peter Rump GmbH
Osnabrücker Str. 79, D-33649 Bielefeld
info@reise-know-how.de


Jubiläumsausgabe 2009, 2. Auflage 2010


*Layout-Konzept* Günter Pawlak, FaktorZwo! Bielefeld
*Kartographie* Iain Macneish
*Umschlag* Peter Rump
*Fotos* siehe Fotonachweis am Bild
*Druck und Bindung* Fuldaer Verlagsanstalt GmbH & Co. KG, Fulda

**ISBN: 978-3-89416-584-0**
Printed in Germany

Dieses Buch ist erhältlich in jeder Buchhandlung der Deutschland, Österreichs, der Schweiz und der Beneluxländer. Bitte informieren Sie Ihren Buchhändler über folgende Bezugsadressen:

*Deutschland* Prolit GmbH, Postfach 9, 35461 Fernwald (Annerod) sowie alle Barsortimente
*Schweiz* AVA-buch 2000, Postfach 27, CH-8910 Affoltern
*Österreich* Mohr Morawa Buchvertrieb GmbH, Sulzengasse 2, A-1230 Wien
*Belgien & Niederlande* Willems Adventure, ***www.willemsadventure.nl***
*direkt* Wer im Buchhandel kein Glück hat, bekommt unsere Bücher zuzüglich Porto- und Verpackungskosten auch direkt über unseren Internet-Shop: ***www.reise-know-how.de***

Zu (fast) allen Kauderwelsch-Bänden ist ein **AusspracheTrainer** auf **Audio-CD** erhältlich: in jeder Buchhandlung in Deutschland, Österreich, der Schweiz und den Benelux-Staaten — oder als **MP3-Download** unter ***www.reise-know-how.de***

Der Verlag möchte die **Reihe Kauderwelsch** weiter ausbauen und **sucht Autoren!** Mehr Informationen finden Sie unter ***www.reise-know-how.de/rkh_mitarbeit.php***

# 25 Jahre Kauderwelsch

**Kauderwelsch wird 25!** Dieser Jubiläumsband erscheint anlässlich des 25jährigen Bestehens der Reihe Kauderwelsch. Er besteht aus drei Einzelbänden in einem Buch:

**Italienisch** für die allerersten Schritte in der Fremdsprache; dann **Italienisch kulinarisch** für all jene, die unterwegs nicht verhungern wollen; schließlich **Italienisch Slang,** um die echte Umgangssprache Italiens kennen zu lernen.

Die Reihe Kauderwelsch, die 1984 als Globetrotter-Projekt mit Sprachen wie Indonesisch, Arabisch, Russisch und Japanisch begann, hat sich seitdem zu einer der größten Fremdsprachen-Reihen der Welt entwickelt. Es gibt schon über 200 Kauderwelsch-Bände. Was ist das Geheimnis dieses durchschlagenden Erfolges? Kauderwelsch-Bände sind logisch aufgebaut und für jedermann verständlich:

Die **Grammatik** wird in einfacher Sprache so weit erklärt, dass es möglich wird, ohne viel Paukerei mit dem Sprechen zu beginnen, wenn auch nicht gerade druckreif. In einer fremden Sprache unterscheiden sich aber auch **Satzbau** und Ausdrucksweise mitunter recht stark vom Deutschen. Alle Beispielsätze werden deshalb doppelt ins Deutsche übertragen: zum einen **Wort-für-Wort,** zum anderen in „ordentliches" Hochdeutsch. So wird das fremde Sprachsystem sehr gut durchschaubar, und man kann schnell einzelne Wörter in einem Satz austauschen.

Die **Autorinnen** und **Autoren** der Reihe sind Globetrotter, die die Sprache im Land selbst gelernt haben. Sie wissen daher genau, wie und was die Leute auf der Straße sprechen. Deren Ausdrucksweise ist nämlich häufig viel einfacher und direkter als z. B. die Sprache der Literatur oder des Fernsehens.

Besonders wichtig sind neben der gesprochenen Sprache auch **Körpersprache, Gesten, Zeichen** und **Verhaltensregeln.** In allen Bänden der Kauderwelsch-Reihe wird darum besonders auf die nonverbale Kommunikation eingegangen.

**Kauderwelsch-Bücher sind keine Lehrbücher, aber viel mehr als Sprachführer!** Wenn Sie ein wenig Zeit investieren und einige Vokabeln lernen, werden Sie mit ihrer Hilfe in kürzester Zeit schon Informationen bekommen und Erfahrungen machen, die den „sprachlosen" Reisenden verborgen bleiben.

REISE KNOW-HOW
im Internet
www.reise-know-how.de
info@reise-know-how.de

*Aktuelle Reisetipps*
*und Neuigkeiten,*
*Ergänzungen nach*
*Redaktionsschluss,*
*Büchershop und*
*Sonderangebote*
*rund ums Reisen*

**Kauderwelsch**

Ela Strieder

# Italienisch

*Wort für Wort*

© Frank Schwarz

# Inhalt

# Inhalt

ITALIA

Wer meint, dass ganz Italien im Laufe der Touristenjahre mittlerweile Deutsch gelernt hat, mag recht haben für einzelne Hochburgen deutscher Urlauber, deren Strom sich Jahr für Jahr über die Alpen ergießt, um drei Wochen in einem Wolkenkratzer an der Adria und zwei Tage auf dem Ponte Vecchio in Florenz zu verbringen. Die werden dieses Buch vielleicht nicht brauchen. Wer aber weiter in den Süden vordringt, wer ins „unbekannte" Landesinnere, in die Berg- und Bauerndörfer fährt, wer mehr von Italien sehen möchte als Meer, Spaghetti und Rotwein, der wird bald merken, dass er ohne Sprachkenntnisse nicht weit über den Pizzatellerrand (und der ist sehr niedrig) hinausblicken kann.

# Vorwort

Die italienische Sprache ist sehr ausdrucks- und aufschlussreich, und wer sie auch nur ansatzweise beherrscht, kann sich damit Tür und Tor und Herzen öffnen. Er wird wahre Gastfreundschaft kennenlernen, Menschen, die sich für ihn und nicht für sein Geld interessieren, die stolz sind auf ihr Land und alles Erdenkliche tun, um zu zeigen, dass sie es mit Recht sind. Sie brauchen also nur drei Dinge, um ein Italien zu entdecken, das Sie freundlich lachend aufnimmt und es wert ist, kennen- und liebengelernt zu werden: 1. freundliche Bescheidenheit, 2. den Mut, das schützende Touristenrudel zu verlassen, und 3. Sprachkenntnisse, die ganz und gar nicht perfekt sein müssen.

Dieses Buch soll ein Anfang sein, es soll helfen, Grundkenntnisse in der Grammatik, einen Grundwortschatz und Verständigungsmöglichkeiten zu erlangen, also Sprachbarrieren abbauen, um Ihnen ein schönes Land und seine Menschen näherzubringen.

# Aussprache und Betonung

## Betonung

Die Betonung liegt in der Regel auf der vorletzten Silbe, z. B.: **buono**, **parlare**, **ragazzo**.
Bei allen Wörtern, die diese Regel durchbrechen, wurde die zu betonende Silbe unterstrichen. Dies gilt z. B. für die Infinitivformen der meisten Verben auf **-ere**: **credere**, **ridere** sowie die 3. Person Plural: **parlano**, **vedono**, **mangiano**.
Wörter, bei denen der Hauptton auf der letzten Silbe liegt, tragen ohnehin einen Akzent: **città**, **caffè**, **più**.

## Aussprache

Die Aussprache ist relativ einfach. Einige Einzelheiten muss man sich allerdings gut einprägen; dann kann man schnell jeden Text lesen und jedes Wort aussprechen (wenn man weiß, wie es geschrieben wird).
Doppellaute wie **ie**, **ai**, **eu** werden immer getrennt ausgesprochen, also **i-e**, **a-i**, **e-u** (z. B. **chi-esa**). **k** und **w** kommen im Italienischen nicht vor.
In der folgenden Liste führe ich die Laute auf, die abweichend vom Deutschen ausgesprochen werden.

**Kauderwelsch-AusspracheTrainer**
*Falls Sie sich die wichtigsten italienischen Sätze, die in diesem Buch vorkommen, einmal von einem Einheimischen gesprochen anhören möchten, kann Ihnen Ihre Buchhandlung den* ***AusspracheTrainer (Audio-CD)*** *zu diesem Buch besorgen. Sie bekommen ihn auch über unseren Internetshop* ***www.reise-know-how.de*** *Der* ***AusspracheTrainer*** *steht dort auch als* ***MP3-Download*** *zur Verfügung. Alle Sätze, die Sie auf dem* ***AusspracheTrainer*** *hören können, sind in diesem Buch mit einem 👂 gekennzeichnet. Mehr über den* ***Kauderwelsch-AusspracheTrainer*** *erfahren Sie auf Seite 125.*

# Aussprache und Betonung

| | | | |
|---|---|---|---|
| **c** | wie „k“ | vor den Vokalen **a, o, u** | **camera** („kamera“) |
| | wie „tsch“ | vor den Vokalen **e, i** | **cielo** („tschelo“) |
| **ch** | wie „k“ | | **chiesa** („kjesa“) |
| **g** | wie „g“ | vor den Vokalen **a, o, u** | **pagare** („pagare“) |
| | wie „dsch“ | vor den Vokalen **e, i** | **leggero** („led-dschero“) |
| **gh** | wie „g“ | | **laghi** („lagi“) |
| **gli** | wie „lj“ | | **maglia** („malja“) |
| **gn** | wie „nj“ | | **sogno** („ßonjo“) |
| **h** | | stumm (lautlos) | **hanno** („anno“) |
| **r** | | gerolltes Zungen-r | **rapido** („rapido“) |
| **s** | | in der Mitte des Wortes zwischen Vokalen: stimmhaft, wie in „Rose“ | **rosa** („rosa“) |
| | | am Wortanfang immer scharf, wie in „Straße“ | **sole** („ßole“) |
| **sp** | | spitzes „sp“ | **specchio** („ßpek-kjo“) |
| **st** | | spitzes „st“ | **strano** („ßtrano“) |
| **v** | wie „w“ | | **vado** („wado“) |
| **z** | wie „z“ oder „ds“ (stimmhaft) | hier kann man leider nicht vorhersagen, wann welche Aussprache die richtige ist | **zio** („zio“, bzw. „tßio“) **zero** („dsero“) |

In vielen Regionen Italiens werden doppelt geschriebene Konsonanten auch deutlich doppelt ausgesprochen. Dies gibt dem Italienischen seinen ganz typischen Klang:

**Mamma mia!** („mam-ma mia“)

# Drei Wörter, die weiterhelfen

*Man ist gerade angekommen, hat keine Ahnung von der italienischen Sprache und möchte lediglich etwas essen oder wissen, wo der nächste Campingplatz ist? Hier eine kleine Starthilfe.*

## C'è ... — Es gibt ... (bzw.: Gibt es ...?)

| | |
|---|---|
| **C'è pane?** | Gibt es Brot? |
| **C'è da bere?** | Gibt es etwas zu Trinken? |
| **C'è un bagno?** | Gibt es ein Bad (Toilette)? |

Man kann jedes beliebige Wort einsetzen! Als Antwort erhält man:

| | |
|---|---|
| **Sì (c'è).** | Ja (gibt es). |
| **No (non c'è).** | Nein (gibt es nicht). |

oder etwas noch Unverständliches. Dann sagt man etwas genauer, was man möchte:

## Vorrei ... — Ich möchte ...

| | |
|---|---|
| **Vorrei mangiare!** | Ich möchte essen! |
| **Vorrei un caffè!** | Ich möchte einen Kaffee! |
| **Vorrei un panino!** | Ich möchte ein Brötchen! |

Verneinen kann man, indem man einfach **non** (= nein, nicht) vor den Satz stellt: **Non vorrei mangiare!**

## Dov'è ...? — Wo ist ...?

| | |
|---|---|
| **Dov'è via Garibaldi?** | Wo ist die Garibaldistraße? |
| **Dov'è la pensione Luna?** | Wo ist die Pension Luna? |
| **Dov'è la stazione?** | Wo ist der Bahnhof? |

# Artikel

| | | |
|---|---|---|
| **il** | (Einzahl, männlich) | der |
| **lo** | (Einzahl, männlich) vor Substantiven, die mit z oder s + Konsonant beginnen (z. B. **lo zucchero**) | |
| **l'** | (Einzahl, männlich u. weiblich) vor Substantiven, die mit Vokal beginnen (z.B. **l'occhio**) | der/die |
| **i** | (Mehrzahl, männlich) | die |
| **gli** | (Mehrzahl, männlich) vor Substantiven, die mit Vokal oder mit z bzw. s + Konsonant beginnen (z. B. **gli uomini**, **gli zii**) | |
| **la** | (Einzahl, weiblich) | die |
| **le** | (Mehrzahl, weiblich) | die |
| **un** | (männlich) | ein |
| **uno** | (männlich) vor denselben Substantiven wie **lo** | ein |
| **una** | (weiblich) | eine |

# Hauptwörter

## Geschlecht

Das Geschlecht der Hauptwörter unterscheidet sich häufig von dem im Deutschen. Das Neutrum (sächlich) existiert überhaupt nicht. Bei Menschen entspricht der Artikel dem natürlichen Geschlecht:

| | |
|---|---|
| **il signore** | Herr |
| **il ragazzo** | Junge |
| **l'uomo** | Mann |
| **il bambino** | (männl.) Kind |
| **la signora** | Dame |
| **la ragazza** | Mädchen |
| **la donna** | Frau |
| **la bambina** | (weibl.) Kind |

**Männliche Hauptwörter**

| enden meistens auf **-o**: | | wichtige Ausnahmen: | |
|---|---|---|---|
| **il bagno** | das Bad | **la mano** | die Hand |
| **il mondo** | die Welt | **la radio** | das Radio |
| **il cielo** | der Himmel | **la moto** | das Motorrad |

**Weibliche Hauptwörter**

| enden meistens auf **-a**: | | wichtige Ausnahmen: | |
|---|---|---|---|
| **la camera** | das Zimmer | **il problema** | das Problem |
| **la casa** | das Haus | **il cinema** | das Kino |
| **la donna** | die Frau | **il programma** | das Programm |

Viele Hauptwörter enden auf **-e**, das Geschlecht kann **männlich** oder **weiblich** sein:

| | | | |
|---|---|---|---|
| **il pane** | das Brot | **la chiave** | der Schlüssel |
| **il sale** | das Salz | **la carne** | das Fleisch |
| **il giornale** | die Zeitung | **la fame** | der Hunger |

## Mehrzahl

Normalerweise wird bei männlichen Wörtern aus der Endung **-o** ein **-i**, bei den weiblichen aus der Endung **-a** ein **-e**. Bei Hauptwörtern auf **-e** steht in der Mehrzahl immer ein **-i**, ganz gleich welches Geschlecht sie haben.

| | |
|---|---|
| **il letto** | das Bett |
| **i letti** | die Betten |
| **la macchina** | das Auto |
| **le macchine** | die Autos |
| **il fiore** | die Blume |
| **i fiori** | die Blumen |
| **la rete** | das Netz |
| **le reti** | die Netze |

# Eigenschaftswörter (Adjektive)

Eigenschaftswörter richten sich in Geschlecht und Zahl nach dem Hauptwort, auf das sie sich beziehen – also wie im Deutschen. Unterschied: Es gibt eine andere Wortstellung, nämlich nach dem Hauptwort.

| | |
|---|---|
| **il libro piccolo** | **i libri piccoli** |
| das kleine Buch | die kleinen Bücher |
| **la sedia piccola** | **le sedie piccole** |
| der kleine Stuhl | die kleinen Stühle |

*Umstandswörter (Adverbien) werden von den Adjektiven abgeleitet, indem man an deren weibliche Form (Einzahl) die Endung* **-mente** *anfügt.*

*z.B. Adj.* **lento** *(langsam), weibl.* **lenta**, *Adv.* **lentamente**

**Il ragazzo mangia molto lentamente.**

*„Der Junge isst sehr langsam."*

Adjektive auf **-e** bleiben bei weiblichen und männlichen Hauptwörtern in der Einzahl unverändert, in der Mehrzahl lautet die Endung immer **-i**:

| | |
|---|---|
| **il cane grande** | **i cani grandi** |
| der große Hund | die großen Hunde |
| **la nuvola grande** | **le nuvole grandi** |
| die große Wolke | die großen Wolken |

Um das Gegenteil einer Eigenschaft auszudrücken, setzt der Italiener gelegentlich einfach ein **-s** vor das entsprechende Adjektiv:

**comodo** (bequem) **scomodo** (unbequem)
**cortese** (freundlich) **scortese** (unfreundlich)

# Eigenschaftswörter (Adjektive)

## Wichtige Adjektive

| | |
|---|---|
| **bello / brutto** | schön / hässlich |
| **caro / economico** | teuer / billig (preiswert) |
| **buono / cattivo** | gut / schlecht |
| **vicino / lontano** | nah / weit |
| **lungo / corto** | lang / kurz |
| **aperto / chiuso** | offen / geschlossen |
| **ricco / povero** | reich / arm |
| **caldo / freddo** | heiß / kalt |
| **lento / veloce** | langsam / schnell |
| **nuovo / giovane / vecchio** | neu / jung / alt |
| **molto / poco** | viel / wenig |
| **occupato / libero** | besetzt / frei |
| **facile / difficile** | einfach / schwierig |
| **leggero / pesante** | leicht / schwer |
| **pulito / sporco** | sauber / schmutzig |
| **forte / debole** | stark / schwach |
| **alto / basso** | hoch / niedrig (klein) |
| **secco / umido / bagnato** | trocken / feucht / nass |
| **simpatico / antipatico** | sympatisch / unsympatisch |
| **vero / giusto / falso** | wahr / richtig / falsch |
| **duro / morbido** | hart / weich |
| **stupido / intelligente** | dumm / schlau |
| **scuro / chiaro** | dunkel / hell |
| **gentile, cortese / scortese** | freundlich, höflich / unhöflich |
| **rosso / verde** | rot / grün |
| **azzurro, blu** | blau |
| **giallo / arancione** | gelb / orange |
| **nero / bianco / grigio** | schwarz / weiß / grau |
| **bruno, marrone** | braun |
| **violetto; lilla; rosa** | violett; lila; rosa |

## Steigern und Vergleichen

ist sehr einfach. Man braucht dafür das Wort **più** (= mehr ) und gegebenenfalls **di** (= von):

| | |
|---|---|
| **bello, bella** | schön |
| **più bello, più bella** | schöner |
| **il più bello, la più bella** | am schönsten / der, die Schönste |

**Lei è più alta di lui.**
*sie (sie-)ist mehr hoch von er*
Sie ist größer als er.

**Lei è la più alta.**
*sie (sie-)ist die mehr hohe*
Sie ist die Größte.

**Lui è più piccolo di lei.**
*er (er-)ist mehr klein von sie*
Er ist kleiner als sie.

**Lui è il più piccolo.**
*er (er-)ist der mehr kleine*
Er ist der Kleinste.

Besonders beliebt bei den überschwänglichen Italienern ist die nochmalige Steigerung durch die Endung **-issimo** oder **-issima**, die an das Eigenschaftswort (ohne Endvokal) angehängt wird:

**È bellissimo.**
*(er-)ist schönst*
Er ist wunderschön.

**Il gelato è buonissimo.**
*der Eis (er-)ist gutest*
Das Eis ist köstlich.

**più** heißt also „mehr", **meno** heißt „weniger". Unser „mehr oder weniger" bzw. „so la la" wird auch in Italien gebraucht und zwar recht häufig:

| | |
|---|---|
| **più o meno** | mehr oder weniger |

## Wort- und Satzstellung

*Und er bleibt (im Aussagesatz) immer in dieser Reihenfolge. Das Deutsche ist hier deutlich komplizierter!*

Der Satzbau funktioniert wie im Deutschen:

**SUBJEKT – PRÄDIKAT – OBJEKT**

Adjektive stehen, wie wir schon gesehen haben, üblicherweise hinter dem Bezugswort.

**Il signore elegante è il proprietario.**
*der Herr elegante (er-)ist der Eigentümer*
Der elegante Herr ist der Eigentümer.

Die folgenden Adjektive können vor oder nach dem Bezugswort stehen. Ist das Substantiv männlich, verlieren diese Adjektive bei Voranstellung ihre Endung:

| | |
|---|---|
| **grande** | groß |
| **bello** | schön |
| **buono** | gut |

**un gran piatto di spaghetti**
ein großer Teller Spaghetti

**un bel ragazzo**
ein schöner Junge

**a buon mercato**
*zu guter Markt*
preiswert

Normalerweise werden im Italienischen die Personalpronomen als Subjekt des Satzes nicht benutzt, da die grammatische Person und Zahl des Subjekts an der Endung des Verbs eindeutig erkennbar ist. Auch wenn die Satzaussage (das Prädikat) aus 'sein' + Adjektiv bzw. Substantiv besteht, lassen diese das Geschlecht und Zahl des Subjekts an ihren Endungen erkennen. Nur wenn also das Subjekt besonders hervorgehoben werden soll, benutzt man ein Fürwort:

**In Italia sempre mangio molto pesce.**
*in Italien immer (ich-)esse vieler Fisch*
In Italien esse ich immer viel Fisch.

**Io non voglio mangiare niente stasera.**
*ich nicht (ich-)will essen nichts heute-Abend*
Ich will heute Abend nichts essen.
(Aber du vielleicht.)

**È un amico.**
*(er-)ist ein Freund*
Er ist ein Freund.

**Lei è tedesca.**
*sie (sie-)ist deutsche*
Sie ist Deutsche.
(Aber die andere Frau nicht.)

## Fragen

Die Fragewörter sind ziemlich einfach und sehr wichtig. Man wird sie häufig brauchen und sollte sie gleich lernen.

| | |
|---|---|
| **come?** | wie? |
| **dove?** | wo? wohin? |
| **di/da dove?** | woher? |
| **quando?** | wann? |
| **quanto?** | wieviel? |
| **quale?** | welche(r)? |
| **chi?** | wer? |
| **che cosa?** | was? |
| **perché?** | warum? (die Antwort „weil" heißt auch **perché**) |

**Come stai?**
*wie (du-)bist*
Wie geht's Dir?

**Perché sei in Italia?**
*warum (du-)bist in Italien*
Warum bist Du in Italien?

**Perché mi piace questo paese.**
*weil mir (er-)gefällt dieser Land*
Weil mir dieses Land gefällt.

**Di dove sei?**
*von wo (du-)bist*
Woher kommst Du?

**Che cosa fai qui?**
*was Sache (du-)machst hier*
Was machst Du hier?

**Dov'è la fermata dell'autobus?**
*wo'(sie-)ist die Haltestelle vom'Bus*
Wo ist die Bushaltestelle?

*Auf die letzte Frage werden Ihnen binnen fünf Minuten mindestens zehn Leute den Weg erklären. Nebenstehende Wörter werden Sie brauchen.*

## Richtungsangaben

| | |
|---|---|
| **sempre diritto** | immer geradeaus |
| **a sinistra / a destra** | links / rechts |
| **qui** | hier |
| **lì, là** | dort |
| **di fronte** | gegenüber |
| **davanti** | vorn |
| **indietro** | zurück |

### Fragen ohne Fragewort (Ja-Nein-Fragen)

Die sogenannten Ja-Nein-Fragen sind vom normalen Aussagesatz nur durch die Satzmelodie zu unterscheiden. Die Satzstellung bleibt.

**Posso trovare una camera in paese?**
*(ich-)kann finden eine Zimmer in Dorf*
Kann ich im Ort ein Zimmer finden?

## Persönliche Fürwörter

| | | | |
|---|---|---|---|
| **io** | ich | **noi** | wir |
| **tu** | du | **voi** | ihr |
| **lui / lei** | er / sie, Sie | **loro** | sie, Sie |

*Mit Ausnahme der Form* **loro** *stehen alle Objekt-Pronomen vor dem Verb (also entsprechend der Reihenfolge Subjekt-Objekt-Verb).*

Die höfliche Anrede erfolgt mit **Lei:**

**Grazie, Lei è molto gentile.**
Danke, Sie sind sehr freundlich.

Außerdem gibt es spezielle Fürwort-Formen für den 3. und 4. Fall, also für die Objekte. Diese können nicht weggelassen werden.

*In diese Reihe gehört auch noch das rückbezügliche (reflexive) Fürwort* **si** *„sich", das übrigens auch in der Bedeutung des unpersönlichen „man" verwendet wird.*

| | | | |
|---|---|---|---|
| **mi** | mich/mir | **ci** | uns |
| **ti** | dich/dir | **vi** | euch |
| **gli** | ihm | **loro** | ihnen |
| **le** | ihr (Ez.) | **loro** | ihnen |
| **lo** | ihn | **li** | sie (m., Mz.) |
| **la** | sie (w. Ez.) | **le** | sie (m., Mz.) |

## Besitzanzeigende Fürwörter

Besitzanzeigende Fürwörter werden fast immer in Verbindung mit dem vorangestellten Artikel des Bezugswortes gebraucht und diesem in Geschlecht und Zahl angepasst.

**männliches Hauptwort**

| | | |
|---|---|---|
| **il mio** | **sacco a pelo** | mein Schlafsack |
| **il tuo** | **borsellino** | deine Geldbörse |
| **il suo** | **bicchiere** | sein/ihr Glas |
| **il nostro** | **bagaglio** | unser Gepäck |
| **il vostro** | **giardino** | euer Garten |
| **il loro** | **bambino** | ihr Kind |

**weibliches Hauptwort**

| | | |
|---|---|---|
| **la mia** | **borsa** | meine Tasche |
| **la tua** | **camicia** | dein Hemd |
| **la sua** | **casa** | sein/ihr Haus |
| **la nostra** | **macchina** | unser Auto |
| **la vostra** | **opinione** | eure Meinung |
| **la loro** | **figlia** | ihre Tochter |

**Mehrzahl, männliches Hauptwort**

| | | |
|---|---|---|
| **i miei** | **vestiti** | meine Kleider |
| **i tuoi** | **occhiali** | deine Brille |
| **i suoi** | **soldi** | sein/ihr Geld |
| **i nostri** | **genitori** | unsere Eltern |
| **i vostri** | **libri** | eure Bücher |
| **i loro** | **orologi** | ihre Uhren |

*In der Mehrzahl werden die Fürwörter zu wahren Zungenbrechern. Vorsicht! Jeder Vokal wird einzeln ausgesprochen.*

### Mehrzahl, weibliches Hauptwort

| | | |
|---|---|---|
| **le mie** | **scarpe** | meine Schuhe |
| **le tue** | **calze** | deine Strümpfe |
| **le sue** | **gambe** | seine/ihre Beine |
| **le nostre** | **chiavi** | unsere Schlüssel |
| **le vostre** | **maglie** | eure Pullover |
| **le loro** | **bottiglie** | ihre Flaschen |

Der Artikel entfällt nur bei Verwandten in der Einzahl:

**mia sorella** meine Schwester

*aber:*
**le mie sorelle**
meine Schwestern

# Verben und Zeiten

Wie bei uns im Deutschen verändert sich die Endung je nach der grammatischen Person des Subjekts. Bei den regelmäßigen Verben ist das recht einfach. Es gibt drei unterschiedliche Verbgruppen, die man an der Endung erkennt:

| | | |
|---|---|---|
| **-are** | **parlare** | reden |
| **-ere** | **credere** | glauben |
| **-ire** | **partire** | abfahren, abreisen |

## Gegenwart

Bei den regelmäßigen Verben bleibt der Wortstamm unverändert, die Personalendungen sehen so aus:

| | parl-are | cred-ere | part-ire |
|---|---|---|---|
| (io) | parl-o | cred-o | part-o |
| (tu) | parl-i | cred-i | part-i |
| (lui/lei) | parl-a | cred-e | part-e |
| (noi) | parl-iamo | cred-iamo | part-iamo |
| (voi) | parl-ate | cred-ete | part-ite |
| (loro) | parl-ano | cred-ono | part-ono |

**Parli bene l'italiano.**
*(du-)sprichst gut der'italienisch*
Du sprichst gut Italienisch.

**Partiamo oggi o domani.**
*(wir-)abfahren heute oder morgen*
Wir fahren heute oder morgen ab.

## Die Hilfsverben essere und avere

Die Hilfsverben sind, wie in fast jeder Sprache, erstens wichtig, und zweitens unregelmäßig. Leider wird man nicht darum herumkommen, diese Formen auswendig zu lernen.

| **essere** (sein) | | |
|---|---|---|
| **(io)** | **sono** | ich bin |
| **(tu)** | **sei** | du bist |
| **(lui/lei)** | **è** | er/sie ist |
| **(noi)** | **siamo** | wir sind |
| **(voi)** | **siete** | ihr seid |
| **(loro)** | **sono** | sie sind |

*Zur Erinnerung: Das* **h** *von* **ho, hai, ha** *und* **hanno** *wird nicht ausgesprochen. Also: „o", „ai", „a", „anno".*

| **avere** (haben) | | |
|---|---|---|
| **(io)** | **ho** | ich habe |
| **(tu)** | **hai** | du hast |
| **(lui/lei)** | **ha** | er/sie hat |
| **(noi)** | **abbiamo** | wir haben |
| **(voi)** | **avete** | ihr habt |
| **(loro)** | **hanno** | sie haben |

In Verbindung mit dem Partizip kann man mit diesen Hilfsverben eine sehr einfache und gebräuchliche Form der Vergangenheit bilden, nämlich das Perfekt. Siehe dazu den nächsten Abschnitt!

## Vergangenheit (Perfekt)

Um dem weiteren Lernen von Vergangenheitsformen zu entgehen, empfehle ich das Perfekt. Im Deutschen entspricht das einer Konstruktion wie „ich habe gekauft". „Gekauft" ist hier das Partizip, das auch im Italienischen für alle Personen gleich lautet. Man braucht also nur die Formen für das Hilfsverb zu kennen. Das Partizip wird folgendermaßen gebildet:

| | | Partizip |
|---|---|---|
| Verben auf **-are:** | **parlare** | **parlato** |
| Verben auf **-ere:** | **credere** | **creduto** |
| Verben auf **-ire:** | **sentire** | **sentito** |

*Speziell bei den Verben auf* **-ere** *gibt es leider ziemlich viele mit unregelmäßig gebildeten Partizipien.*
*Eine Liste der wichtigsten Verben dieser Art finden Sie im Anhang auf Seite 122.*

**(io) ho parlato**
*(ich) (ich-)habe geredet*
ich habe geredet

**(voi) avete parlato**
*(ihr) (ihr-)habt geredet*
ihr habt geredet

**(loro) hanno creduto**
*(sie) (sie-)haben geglaubt*
sie haben geglaubt

*Wenn das Partizip mit „haben" verbunden wird, verändert es sich nicht.*

**(noi) abbiamo creduto**
*(wir) (wir-)haben geglaubt*
wir haben geglaubt

Wenn das Partizip mit dem Hilfsverb „sein“ verbunden wird, verändert sich die Endung jedoch nach Geschlecht und Zahl:

| | -are | -ere | -ire |
|---|---|---|---|
| männlich (Einzahl) | -ato | -uto | -ito |
| weiblich (Einzahl) | -ata | -uta | -ita |
| männlich (Mehrzahl) | -ati | -uti | -iti |
| weiblich (Mehrzahl) | -ate | -ute | -ite |

**Siamo arrivati due giorni fa.**
*(wir-)sind angekommen zwei Tage (es-)macht*
Wir sind vor zwei Tagen angekommen.

**È stata a Firenze.**
*(sie-)ist gewesen zu Florenz*
Sie ist in Florenz gewesen.

Wann ein Verb mit „sein“, wann mit „haben“ verbunden wird, ist ähnlich wie im Deutschen. Als Richtlinie kann man sich merken:

Verben der Bewegung mit **essere**,
alle anderen mit **avere**.

*Ausnahmen:*

**Ho finito.**
*(ich-)habe beendet*
Ich bin fertig.

**Sono finito.**
*(ich-)bin beendet*
Ich bin erledigt.

## Zukunft

Am einfachsten ist es, wenn man ein Verb in der Gegenwart benutzt und eine passende Zeitangabe dazu gebraucht. Auch die Italiener machen das oft so (siehe „Zeitwörter“ auf Seite 37) .

**Vediamo un film stasera.**
*(wir-)sehen ein Film diese Abend*
Wir sehen heute abend einen Film.

**Dopo prendiamo un caffè al bar.**
*danach (wir-)nehmen ein Kaffee zum Bar*
Später trinken wir einen Kaffee in der Bar.

**La prossima settimana siamo in Germania.**
*die nächste Woche (wir-)sind in Deutschland*
Nächste Woche sind wir in Deutschland.

**Fra due giorni partiamo.**
*zwischen zwei Tage (wir-)abfahren*
In zwei Tagen fahren wir ab.

**La settimana prossima c'è un concerto.**
*die Woche nächste da'ist ein Konzert*
Nächste Woche ist/gibt es ein Konzert.

*In der Wörterliste dieses Kauderwelsch-Bandes sind unregelmäßige Verben durch ein x gekennzeichnet. Falls man keine Lust hat, die Verbformen auswendig zu lernen, tut man einfach so als wären sie regelmäßig. Man wird verstanden, auch wenn es hin und wieder Gelächter geben wird.*

## Unregelmäßige Verben

Davon gibt es leider eine ganze Menge, genau wie im Deutschen oder Französischen. Die Formen muss man auswendig lernen, da hilft alles nichts. Ich hätte jetzt in diesem Büchlein Listen und Formentabellen erstellen können, aber da ich davon ausgehe, dass Sie ein etwas besseres Wörterbuch zusätzlich mitnehmen, will ich mir das sparen. Im Anhang zu Ihrem Wörterbuch finden Sie die entsprechenden Formen.

Folgende fünf Verben sind besonders wichtig:

| | **dare**<br>geben | **fare**<br>machen | **potere**<br>können | **volere**<br>wollen | **stare**<br>sich befinden |
|---|---|---|---|---|---|
| **(io)** | **do** | **faccio** | **posso** | **voglio** | **sto** |
| **(tu)** | **dai** | **fai** | **puoi** | **vuoi** | **stai** |
| **(lui)** | **da** | **fa** | **può** | **vuole** | **sta** |
| **(noi)** | **diamo** | **facciamo** | **possiamo** | **vogliamo** | **stiamo** |
| **(voi)** | **date** | **fate** | **potete** | **volete** | **state** |
| **(loro)** | **danno** | **fanno** | **possono** | **vogliono** | **stanno** |
| Partizip | **dato** | **fatto** | **potuto** | **voluto** | **stato** |

Zum letzten Verb, **stare,** ist anzumerken, dass es für Situationen benutzt wird, in denen man im Deutschen oft „sein" gebraucht. Außerdem drückt es auch gesundheitliches Befinden aus (**Come stai?**).

**(Noi) stiamo a Firenze.**
*(wir) (wir-)sind zu Florenz*
Wir sind in Florenz.

# Verneinen

Verneint wird mit dem Wörtchen **non**, das vor dem Verb steht und normalerweise nicht von ihm getrennt wird.

**Non ho soldi.**
*nicht (ich-)habe Geld*
Ich habe kein Geld.

**Questo treno non parte adesso.**
*dieser Zug nicht (er-)abfährt jetzt*
Dieser Zug fährt noch nicht ab.

Im Gegensatz zum Deutschen bedeutet die im Italienischen so übliche doppelte Verneinung keineswegs eine positive Aussage:

**Non sono mai stato a Napoli.**
*nicht (ich-)bin nie gewesen zu Neapel*
Ich bin (noch) nie in Neapel gewesen.

**Non abbiamo visto niente.**
*nicht (wir-)haben gesehen nichts*
Wir haben nichts gesehen.

**Non è venuto nessuno.**
*nicht (es-)ist gekommen niemand*
Es ist niemand gekommen.

# Verhältniswörter (Präpositionen)

| | |
|---|---|
| **a** | nach, zu, an, in |
| **a causa di** | wegen |
| **attraverso** | durch, hindurch, über |
| **con** | mit, bei |
| **contro** | gegen |
| **da** | von, aus, zu, bei |
| **davanti a** | vor |
| **dentro** | (dr)innen, innerhalb |
| **di** | von |
| **di fronte a** | gegenüber |
| **dietro** | hinter |
| **dopo** | nach |
| **durante** | während |
| **fino a** | bis, bis zu |
| **fra, tra** | zwischen, unter, in *(zeitl.)* |
| **fuori** | (dr)außen |
| **in** | in, nach, auf *(örtl.)* |
| **in mezzo a** | mitten in, in der Mitte von |
| **insieme a/con** | zusammen mit |
| **invece di** | (an)statt |
| **lontano da** | fern, weit weg von |
| **a meno che** | außer |
| **per** | für, durch, über |
| **presso** | in der Nähe, bei |
| **prima di** | vor *(zeitl.)* |
| **salvo** | außer |
| **senza** | ohne |
| **sopra / sotto** | über / unter |
| **su** | auf, über |
| **verso** | in Richtung, nach, gegen *(örtl.)* |
| **vicino a** | in der Nähe, nahe |

**A Roma c'è un albergo economico vicino al Colosseo.**
*zu Rom da'ist ein Hotel billig nahe zum Kolosseum.*
In Rom gibt's ein billiges Hotel in der Nähe des Kolosseums.

**Caffè con latte ma senza zucchero.**
Kaffee mit Milch aber ohne Zucker.

**Veniamo fra due giorni.**
*(wir-)kommen zwischen zwei Tage*
Wir kommen in zwei Tagen.

**Va insieme alla sua amica.**
*(sie-)geht zusammen zu-die seine Freundin*
Sie geht zusammen mit ihrer Freundin.

**In Germania piove adesso.**
*in Deutschland (es-)regnet jetzt*
In Deutschland regnet es jetzt.

**Dobbiamo partire prima di Natale.**
*(wir-)müssen abreisen zuerst von Weihnachten*
Wir müssen vor Weihnachten abreisen.

**È caduto sotto la tavola.**
*(er-)ist gefallen unter die Tisch*
Es ist unter den Tisch gefallen.

# Zahlen

| | | | |
|---|---|---|---|
| 1 | **uno** | 11 | **undici** |
| 2 | **due** | 12 | **dodici** |
| 3 | **tre** | 13 | **tredici** |
| 4 | **quattro** | 14 | **quattordici** |
| 5 | **cinque** | 15 | **quindici** |
| 6 | **sei** | 16 | **sedici** |
| 7 | **sette** | 17 | **diciassette** |
| 8 | **otto** | 18 | **diciotto** |
| 9 | **nove** | 19 | **diciannove** |
| 10 | **dieci** | 20 | **venti** |

| | | | |
|---|---|---|---|
| 21 | **ventuno** | 100 | **cento** |
| 22 | **ventidue** | 101 | **centuno** |
| 23 | **ventitré** | 102 | **centodue** |
| 28 | **ventotto** | 110 | **centodieci** |
| 30 | **trenta** | 153 | **centocinquantatré** |
| 31 | **trentuno** | 200 | **duecento** |
| 32 | **trentadue** | 500 | **cinquecento** |
| 40 | **quaranta** | 900 | **novecento** |
| 50 | **cinquanta** | 1000 | **mille** |
| 60 | **sessanta** | 1300 | **milletrecento** |
| 70 | **settanta** | 2000 | **duemila** |
| 80 | **ottanta** | 10000 | **diecimila** |
| 90 | **novanta** | 400000 | **quattrocentomila** |

| | |
|---|---|
| 1.000.000 | **un millione** |
| 2.000.000 | **due millioni** |
| 6.493.827 | **sei millioni quattrocento novantatremila ottocento ventisette** |

| | | | | | |
|---|---|---|---|---|---|
| 1/2 | **mezzo** | 1/4 | **un quarto** | 2/3 | **due terzi** |

## Ordnungszahlen

| | | | |
|---|---|---|---|
| 1. | **primo** | 9. | **nono** |
| 2. | **secondo** | 10. | **decimo** |
| 3. | **terzo** | 11. | **undicesimo** |
| 4. | **quarto** | 12. | **dodicesimo** |
| 5. | **quinto** | 13. | **tredicesimo** |
| 6. | **sesto** | 20. | **ventesimo** |
| 7. | **settimo** | 100. | **centesimo** |
| 8. | **ottavo** | letzter | **ultimo** |

# Datum, Uhrzeit, Maße

## Zeitangaben

| | |
|---|---|
| **oggi** | heute |
| **ieri / l'altro ieri** | gestern / vorgestern |
| **domani / dopodomani** | morgen / übermorgen |
| **adesso, ora** | jetzt |
| **non ancora** | noch nicht |
| **dopo / più tardi** | nachher / später |
| **sempre** | immer |
| **presto / tardi** | früh / spät |
| **il giorno** | Tag |
| **la mattina** | Morgen |
| **il mezzogiorno** | Mittag |
| **il pomeriggio** | Nachmittag |
| **la sera** | Abend |
| **la notte** | Nacht |
| **la mezzanotte** | Mitternacht |
| **la settimana** | Woche |
| **il mese** | Monat |
| **l'anno** | Jahr |

**molto (poco) tempo fa**
*viel (wenig) Zeit (es-)macht*
vor langer (kurzer) Zeit

**fra un po' di tempo**
*zwischen ein wenig von Zeit*
bald

## Die Wochentage (i giorni)

| | |
|---|---|
| Montag | **lunedì** |
| Dienstag | **martedì** |
| Mittwoch | **mercoledì** |
| Donnerstag | **giovedì** |
| Freitag | **venerdì** |
| Samstag | **sabato** |
| Sonntag | **domenica** |
| | |
| Feiertag | **il giorno festivo** |

## Die Monate (i mesi)

| | |
|---|---|
| Januar | **gennaio** |
| Februar | **febbraio** |
| März | **marzo** |
| April | **aprile** |
| Mai | **maggio** |
| Juni | **giugno** |
| Juli | **luglio** |
| August | **agosto** |
| September | **settembre** |
| Oktober | **ottobre** |
| November | **novembre** |
| Dezember | **dicembre** |

## Die Jahreszeiten (le stagioni)

| | |
|---|---|
| Frühling | **la primavera** |
| Sommer | **l'estate** |
| Herbst | **l'autunno** |
| Winter | **l'inverno** |

## Uhrzeit

Offiziell zählt man 24 Stunden (im Radio, auf dem Bahnhof etc.). Die Leute zählen aber wie wir nur bis 12. Man benutzt den Plural:

**sono le cinque**
*(sie-)sind die fünf*
es ist fünf

**sono le tre e mezza**
*(sie-)sind die drei und halbe*
es ist halb vier

**il secondo / il minuto / l'ora**
Sekunde / Minute / Stunde

**mezzo / quarto**
halb / viertel

**Che ore sono?**
*was Stunden (sie-)sind*
Wie spät ist es?

**Che ora è?**
*was Stunde (sie-)ist*
Wie spät ist es?

**le due meno un quarto**
*die zwei weniger ein Viertel*
Viertel vor zwei

**sono le sei e venti**
*(sie-)sind die sechs und zwanzig*
es ist zwanzig nach sechs

**Quanto tempo ci vuole per ...?**
*wieviel Zeit da (es-)will für*
Wie lange braucht man um ...?

**Ci vuole mezz'ora.**
*da (es-)will halb'Stunde*
Man braucht eine halbe Stunde.

*Bei Schuhgrößen gibt es zwischen Deutschland und Italien keinen Unterschied. Damen müssen bei Kleidung zu ihrer deutschen Größe sechs dazuzählen, Herren zehn abziehen.*

## Maße und Mengenangaben

| | |
|---|---|
| **un litro** | 1 l |
| **un grammo** | 1 g |
| **un etto** | 100 g |
| **un chilo** | 1 kg |
| **un centimetro** | 1 cm |
| **un metro** | 1 m |
| **un chilometro** | 1 km |

Confetti & Agrumetti di Sorrento
BAR
caffe
kenon
BAR
caffe
kenon

# Redewendungen

## Grüßen

Italiener sind nicht sehr förmlich und legen wenig Wert auf steife Höflichkeiten. Trotzdem hat der Fremde, der (nicht nur in der Landessprache) höflich und freundlich grüßt, dankt oder bittet, viel größere Chancen, unterstützt und aufgenommen zu werden als der, der meint, mit „Wo?" und „Wann?" auszukommen.

Der üblichste und lässigste Gruß, den man im Italienischen sowohl zur Begrüßung als auch zum Abschied verwendet, ist **ciao**. Man sollte damit aber nur junge Leute oder gute Bekannte ansprechen. Ansonsten ist es angebracht, je nach Tageszeit und Anlass eines der folgenden Grußworte zu benutzen:

| | |
|---|---|
| **buongiorno** | guten Morgen, guten Tag (bis 16.00 h, danach gilt:) |
| **buona sera** | guten Abend |
| **buona notte** | gute Nacht |
| **benvenuto/-a** | willkommen |
| **salve** | kommt aus dem Lateinischen und wird häufig zur Begrüßung gebraucht |

## Verabschieden

| | |
|---|---|
| **arrivederci** | auf Wiedersehen |
| **arrivederLa** | auf Wiedersehen (sehr förmlich) |
| **ciao** | Tschüss (*auch* Hallo) |
| **a più tardi** | bis später |
| **a domani** | bis morgen |

Wichtig: bei einem Grußwort immer Titel bzw. Anrede „mein Herr", „meine Dame" anhängen:

| | |
|---|---|
| **buongiorno, signore** | ... mein Herr |
| **buona sera, signora** | ... meine Dame |
| **buona notte, dottore** | ... Herr Doktor |
| **arrivederLa, ingegnere** | ... Herr Ingenieur |

## Bitte / Danke

An einen Satz, der eine Bitte ausdrückt, hängt man **per favore** an. Danke heißt: **grazie.** Man kann es aber auch verstärken: **tante grazie** (vielen Dank) oder **grazie mille** (tausend Dank). Als Antwort auf ein „Danke" sagt man **prego.**

## Sonstiges

| | |
|---|---|
| **Scusa! / Scusi!** | Entschuldige! / Entschuldigen Sie! |
| **Permesso? / Volentieri.** | Gestatten?, Darf ich? / Gern. |
| **È molto gentile!** | Das ist sehr nett von Ihnen! |
| **Come stai?/Come sta?** | Wie geht's Dir? / Wie geht es Ihnen? |
| **Salute! / Cin cin!** | Prost! / Zum Wohl! |
| **Salute!** | Gesundheit! (auf einen Nieser) |

# Gesten und Handzeichen

• **D**ie Hände in „Betstellung" zusammengelegt, heißt soviel wie **mamma mia** (für: „Mensch, dauert das lange!" oder „Was ist denn jetzt schon wieder los?" oder „Das darf doch nicht wahr sein!")

• Die Fingerspitzen von Daumen, Zeige- und Mittelfinger zusammengelegt auf sich selbst gerichtet, verbunden mit einem strengen, seitlichen Blick aus den Augenwinkeln bedeutet soviel wie „Ganz schön bescheuert!" oder „Was für ein Idiot/Ärger!" Kann mit freundlichem Blick verbunden auch als wortlose Frage gemeint sein, etwa „Wohin gehst Du?" oder „Was treibst Du so?".

• Beim Einschenken von Getränken sieht man häufig eine waagerechte Bewegung mit dem ausgestreckten kleinen Finger. Bedeutung: „Es reicht." oder „Nur halb voll, bitte".

• Das Herunterziehen des unteren Augenlides bedeutet „Schon kapiert!" oder „Mich kannst du nicht reinlegen!".

**Ma cosa vuoi?**
Was willst du?
*bzw.*
**Che c'è?**
Was ist los?

• Unser dumpfes, kehliges „ä-ä" als Verneinung gilt in Italien als Bestätigung, heißt also „Ja". Dagegen verneint man mit einem schwachen Zungenschnalzen, das sich wie ein hart gesprochenes „t" anhört.

• Die Gesten ändern sich leicht von Region zu Region. Wer gut beobachtet und auch mal fragt „**Che significa questo gesto?**", wird gut klarkommen.

# Beschimpfungen

Die Flüche und Schimpfereien der Italiener sind ein Kapitel für sich. Die spontanen und leicht aufbrausenden Menschen lieben es geradezu, sich bei jeder Gelegenheit deftige Schimpfwörter an den Kopf zu schmeißen. Es ist gut, wenn man die Bedeutung kennt, aber nicht ratsam, selbst davon Gebrauch zu machen.

| | |
|---|---|
| **Vaffanculo!** | Leck mich am Arsch! |
| **cornuto / idiota** | Gehörnter, Betrogener / Idiot |
| **Porco dio!** | Verdammte Schweinerei! |
| **Merda!** | Scheiße! |
| **pappagallo** | Papagei (Macker, Anmacher) |
| **scemo / stupido** | Blödmann / Dummkopf |
| **pazzo** | Verrückter, Vollidiot |

Wenn Sie belästigt werden, gebrauchen Sie besser kein Schimpfwort, sondern sagen stattdessen:

| | |
|---|---|
| **Vai via!** | Geh weg! |
| **Lasciami stare!** | Lass mich in Ruhe! |
| **Lasciami in pace!** | Lass mich in Frieden! |
| **Fila via!** | Hau ab! |

**Fila via!**
Hau ab!

# Verhaltenstipps

**Religion**

Die meisten Italiener sind katholisch, ein Großteil, vor allem im Süden, streng katholisch. Der sonntägliche Kirchgang ist zumindest bei den Älteren ein Muss, nicht nur im religiösen, sondern auch im gesellschaftlichen Sinne. Bei Jugendlichen ist aber Religions- und Kirchenmüdigkeit festzustellen, die in Italien nur etwas später als bei uns begonnen hat.

Religiöse Feste gibt es massenweise: Jeder kleine Ort hat mindestens einen Schutzheiligen, dessen Geburts- und Todestag mit großen Festlichkeiten begangen wird. Von der Messe in der Kirche über ein großes Festessen bis zum abendlichen Feuerwerk mit Folkloremusik sind diese Feste eine der Hauptattraktionen des Jahres. Jedes Dorf, jede Stadt hat eine eigene Art zu feiern.

Auch die großen Feiertage wie Ostern und Weihnachten werden mit riesigem Aufwand begangen. Ganz zu schweigen von den Büßerritualen am Karfreitag.

Es gibt vieles, das auf uns kitschig wirkt, aber man sollte es nicht belächeln. Die Menschen sind mit großem Ernst bei der Sache und möchten nicht von gaffenden, lachenden Touristen gestört werden, die sich über alte Traditionen und religiöse Ehrfurcht lustig machen.

Vor allem im Süden Italiens herrschen die strengen katholischen Sitten. Nacktbaden wird ungern gesehen. Kirchen dürfen nicht in Shorts oder schulterfreien T-Shirts betreten werden.

## Frauen

Frauen sollten weder alleine trampen, noch sich aufreizend anziehen oder benehmen. Leider ist auch das Übernachten unter freiem Himmel allein als Frau nicht zu empfehlen. Die ständige, manchmal unerträglich lästige Anmache der Männer kommentiert man am besten mit **Vai via!** (Geh weg!) oder **Lasciami in pace!** (Lass mich in Frieden!). Am besten erst gar keine Diskussion anfangen, sondern sofort deutlich seinen Unwillen über die Belästigung zeigen. Wenn die „Herren der Schöpfung" allzu aufdringlich werden, hilft das Ansprechen eines Passanten meist schlagartig. Ein goldener Ring am Finger hilft im Notfall, darauf hinzuweisen, dass man schon vergeben ist: **sono sposata** (ich bin verheiratet).

Im übrigen sollte man sich einmal den Grund für dieses Männerverhalten vor Augen führen: Wer jemals, vor allem in Süditalien, den Einmarsch ganzer Schwärme nordeuropäischer Urlauberinnen gesehen hat, die (für dortige Verhältnisse) halbnackt auf Strandpromenaden und auch durch die Dörfer flanieren, der wundert sich nicht besonders über die Macho-Anmache der Italiener.

## Familie

Die Familienstrukturen sind in Italien etwas anders als bei uns: Der Vater ist zwar absolutes Familienoberhaupt, dies allerdings nur nach außen hin. Im Haus und innerhalb der Familie hat die Mutter das Sagen. Und sie behauptet ihre Stellung mit Vehemenz.

Die Kinder leben fast immer solange zuhause, bis sie heiraten. Das liegt zum einen an der recht konservativen Haltung der Italiener, zum anderen an der katastrophalen Wohnungsnot, die große Familien dazu zwingt, auf kleinstem Raum miteinander auszukommen. Es liegt also nicht nur am Klima, dass sich die Menschen fast den ganzen Tag außerhalb ihrer vier Wände aufhalten.

Ein Abend ohne **passeggiata** (Spaziergang) ist für die meisten undenkbar: eine Sitte, die ungemein kommunikationsfördend ist. Im Süden sind ab 21.00 Uhr nur noch Männer zu sehen, Frauen und Mädchen haben auch heute noch ihren Platz im Haus, auch wenn viele tagsüber berufstätig sind.

# Unterwegs ...

## ... mit öffentlichen Verkehrsmitteln

| | |
|---|---|
| **la partenza** | Abfahrt |
| **fermare** | (an)halten |
| **fare l'autostop** | per Anhalter fahren, trampen |
| **l'arrivo** | Ankunft |
| **l'uscita** | Ausgang, Ausfahrt |
| **il noleggio** | Auto-, Motorrad-vermietung |
| **la stazione** | Bahnhof |
| **occupato** | besetzt |
| **la barca** | Boot |
| **l'autobus** | Bus (in der Stadt) |
| **il pullman** | Bus (Überland-) |
| **l'entrata/l'ingresso** | Eingang, Einfahrt |
| **permesso** | erlaubt |
| **la riduzione** | Ermäßigung |
| **il biglietto** | Fahrkarte |
| **- di prima classe** | - 1. Klasse |
| **- di seconda classe** | - 2. Klasse |
| **- di andata** | - einfach (Hinfahrt) |
| **- di andata e ritorno** | - hin und zurück |
| **lo sportello** | Fahrkartenschalter; Wagentür |
| **l'orario** | Fahrplan |
| **la bici(cletta)** | Fahrrad |
| **la finestra** | Fenster |
| **il volo** | Flug |
| **l'aeroporto** | Flughafen |

# Unterwegs ...

| | |
|---|---|
| **l'aereo** | Flugzeug |
| **domandare** | fragen, erbitten |
| **libero** | frei |
| **il bagaglio** | Gepäck |
| **il binario** | Gleis |
| **il porto** | Hafen |
| **la fermata** | Haltestelle |
| **- a richiesta** | Bus hält nur auf Handzeichen |
| **la valigia** | Koffer |
| **lento** | langsam |
| **il camion, il furgone** | LKW, Lastwagen |
| **la macchina a noleggio** | Mietwagen |
| **la moto(cicletta)** | Motorrad |
| **il prezzo** | Preis |
| **il viaggio** | Reise |
| **lo zaino** | Rucksack |
| **il controllore** | Schaffner |
| **la nave** | Schiff |
| **veloce** | schnell |
| **il posto** | Sitz(platz) |
| **il tassì/taxi** | Taxi |
| **vietato** | verboten |
| **noleggiare** | (ver)mieten, (ver)leihen |
| **pieno** | voll |
| **aspettare** | warten |
| **la sala d'aspetto** | Wartesaal |
| **il treno** | Zug |
| **il supplemento** | Zuschlag |

| | |
|---|---|
| Wann fährt der nächste Zug nach Florenz? | **A che ora parte il prossimo treno per Firenze?**<br>*zu was Stunde (er-)abfährt der nächste Zug für Florenz* |
| Wo ist der Bahnhof? | **Dov'è la stazione?** |
| Wo muss ich umsteigen? | **Dove devo cambiare treno?**<br>*wo (ich-)muss wechseln Zug* |
| Auf welchem Gleis kommt der Zug aus Neapel an? | **Su quale binario arriva il treno da Napoli?**<br>*auf welchem Gleis (er-)ankommt der Zug aus Neapel* |
| Wieviel kostet eine Fahrkarte nach Rom? | **Quanto costa un biglietto per Roma?**<br>*wieviel (er-)kostet ein Fahrkarte für Rom* |
| Gibt es Studentenermäßigung? | **C'è la riduzione per studenti?**<br>*da'ist die Ermäßigung für Studenten* |

## ... im eigenen Fahrzeug

| | |
|---|---|
| **la macchina** | Auto |
| **il garage** | Garage |
| **la gomma / la ruota** | Reifen / Rad |
| **la pressione pneumatica** | Luftdruck |
| **la foratura** | Reifenpanne |
| **la ruota di scorta** | Ersatzreifen |
| **la camera d'aria** | Schlauch |
| **la pompa** | Pumpe |
| **i fari / la lampadina** | Scheinwerfer / Birne |
| **la benzina** | Benzin |
| **il gasolio** | Diesel |
| **l'olio** | Öl |
| **fare benzina** | tanken |
| **Il pieno, per favore.** | Volltanken, bitte! |
| **la stazione di servizio** | Tankstelle |
| **l'officina** | Werkstatt |
| **la riparazione** | Reparatur |
| **l'incidente** | Unfall |
| **l'assicurazione** | Versicherung |
| **rimorchiare** | abschleppen |
| **il carro attrezzi** | Abschleppwagen |
| **il meccanico** | Mechaniker |
| **il pezzo di ricambio** | Ersatzteil |
| **il radiatore / l'acqua** | Kühler / Wasser |
| **il carburatore** | Vergaser |
| **l'accelleratore / i freni** | Gaspedal / Bremsen |
| **il motore** | Motor |
| **la macchina** | Maschine |
| **il portabagagli** | Gepäckträger |

| | |
|---|---|
| **lo sportello** | Autotür |
| **il cofano** | Kofferraum |
| **il volante** | Lenkrad |
| **la marcia / la frizione** | Gang / Kupplung |
| **il cambio delle marce** | Getriebe |
| **il tubo di scappamento** | Auspuff |
| **l'asse** | Achse |
| **l'ammortizzatore** | Stoßdämpfer |
| **la batteria** | Batterie |
| **l'acqua distillata** | destilliertes Wasser |
| **il fusibile** | Sicherung |
| **la candela** | Zündkerze |
| **il cavo / la vite** | Kabel / Schraube |
| **la tanica di riserva** | Reservekanister |
| **il cric** | Wagenheber |
| **gli attrezzi** | Werkzeug |
| **la carrozzeria** | Karosserie |
| **il paraurti** | Stoßstange |
| **il vetro** | Scheibe |
| **il tergicristallo** | Scheibenwischer |
| **lo specchio** | Spiegel |
| **la guarnizione** | Dichtung |
| **la dinamo** | Lichtmaschine |
| **la cinghia trapezoidale** | Keilriemen |
| **il cacciavite** | Schraubenzieher |
| **la chiave per dadi** | Schraubenschlüssel |
| **la velocità** | Geschwindigkeit |
| **il limite di velocità** | Geschwindigkeits-begrenzung |
| **l'autostrada** | Autobahn* |
| **la superstrada** | Schnellstraße |

**Autobahnen haben grüne Hinweisschilder und sind gebührenpflichtig.*

*Nur Autobahntankstellen sind rund um die Uhr besetzt.*

| | |
|---|---|
| Wo kann ich mein Auto parken? | **Dove posso parcheggiare la mia macchina?**<br>*wo (ich-)kann parken die meine Auto* |
| Ich hatte einen Unfall, können Sie einen Abschleppwagen rufen? | **Ho avuto un incidente,**<br>**può chiamare un carro attrezzi?**<br>*(ich-)habe gehabt ein Unfall*<br>*(er-/sie-)kann rufen ein Wagen Geräte* |
| Haben Sie ein Original-Ersatzteil? | **Ha un pezzo di ricambio originale?**<br>*(er-/sie-)hat ein Stück von Austausch original* |
| Können Sie mir ein/eine ... leihen? | **Può prestarmi un/una ...?**<br>*(er-/sie-)kann leihen-mir ein/eine* |
| ... ist kaputt/gebrochen. | **... è rotto.** |
| ... ist gerissen. | **... è strappato.** |
| ... ist außer Betrieb. | **... è fuori servizio.** |

## ... in der Stadt

| | |
|---|---|
| la città | Stadt |
| la capitale | Hauptstadt |
| il villaggio / il paese | Dorf, Ortschaft |
| la strada principale | Hauptstraße |
| la via / il corso | Straße / Allee |
| il vicolo / la piazza | Gasse / Platz |
| la città vecchia | Altstadt |
| la casa / l'edificio | Haus / Gebäude |
| il grattacielo | Wolkenkratzer |
| pubblico | öffentlich |
| l'ambasciata | Botschaft |
| il consolato | Konsulat |
| l'ufficio informazioni | Touristen-Information |
| la chiesa / il duomo | Kirche / Dom |
| il teatro / il cinema | Theater / Kino |
| il museo / la galleria | Museum / Galerie |
| la mostra | Ausstellung |
| il parco | Park |
| il giardino | Garten |
| lo zoo | Zoo |
| la biblioteca | Bibliothek |
| la libreria | Bücherei |
| l'università | Universität |
| la fiera | Messe |
| il negozio | Laden |
| il chiosco | Kiosk |
| il grande magazzino | Warenhaus |
| il mercato | Markt |
| il supermercato | Supermarkt |

Ich suche den Garibaldi-Platz.
**Cerco Piazza Garibaldi.**
*(ich-)suche Platz Garibaldi*

Was läuft im Kino?
**Cosa danno al cinema?**
*Sache (sie-)geben zum Kino*

Wo ist die Haltestelle der Linie 5?
**Dov'è la fermata del cinque?**
*wo'(sie-)ist die Haltestelle vom fünf*

Wo kann ich einen Stadtplan kaufen?
**Dove posso comprare una pianta della città?**
*wo (ich-)kann kaufen eine Plan von-die Stadt*

Wieviel kostet der Eintritt zur Ausstellung?
**Quanto costa l'ingresso alla mostra?**
*wieviel (er-)kostet der'Eintritt zu-die Ausstellung*

## ... am Meer und auf dem Land

Wie heißt dieser Berg?
**Come si chiama questo monte?**
*wie sich (er-)ruft dieser Berg*

Kann man dieses Wasser trinken?
**Si può bere quest'acqua?**
*sich (er-/sie-)kann trinken dies'Wasser*

Ist es trinkbar?
**È potabile?**
*(er-/sie-)ist trinkbar*

Ist dieser Strand privat oder öffentlich?
**Questa spiaggia è privata o libera?**
*diese Strand (sie-)ist privat oder frei*

Herrscht hier Angelverbot?
**C'è divieto di pesca?**
*da'ist Verbot von Fischen*

Es ist zu gefährlich!
**È troppo pericoloso!**
*(es-)ist zu gefährlich*

| | |
|---|---|
| **il ruscello** | Bach |
| **la fattoria** | Bauernhof |
| **l'albero** | Baum |
| **il monte** | Berg |
| **la pianura** | Ebene |
| **il campo** | Feld |
| **il fiume** | Fluss |
| **la montagna** | Gebirge |
| **la grotta** | Höhle |
| **la collina** | Hügel |
| **l'isola** | Insel |
| **la costa** | Küste |
| **la campagna** | Land |
| **il paesaggio** | Landschaft |
| **il mare** | Meer |
| **la luna** | Mond |
| **la pioggia** | Regen |
| **la sabbia** | Sand |
| **la neve** | Schnee |
| **il lago** | See |
| **il sole** | Sonne |
| **l'alba** | Sonnenaufgang |
| **il tramonto** | Sonnenuntergang |
| **la stella** | Stern |
| **la spiaggia** | Strand |
| **la valle** | Tal |
| **il vulcano** | Vulkan |
| **il bosco** | (kleiner) Wald |
| **la foresta** | (großer) Wald |
| **l'onda** | Welle |
| **il prato** | Wiese |
| **il vento** | Wind |

| | |
|---|---|
| **la nuvola** | Wolke |
| **il nord** | Norden |
| **il sud** | Süden |
| **l'ovest** | Westen |
| **l'est** | Osten |
| **l'ombra** | Schatten |
| **il pescatore** | Fischer |
| **pescare** | fischen |
| **la barca da pesca** | Fischerboot |
| **il tempo** | Wetter |
| **la tempesta** | Gewitter |
| **la pianta** | Pflanze |
| **il fiore** | Blume |
| **l'animale** | Tier |
| **la roccia** | Felsen |
| **la pietra** | Stein |
| **passeggiare** | spazieren |
| **camminare** | gehen |
| **nuotare** | schwimmen |
| **salire** | hinaufsteigen |
| **scendere** | hinuntersteigen |
| **il pericolo** | Gefahr |
| **pericoloso** | gefährlich |
| **attenzione!** | Vorsicht!, Pass auf! |

| | |
|---|---|
| **fa caldo**<br>*(er-/sie-)macht heiß*<br>es ist heiß | **fa freddo**<br>*(er-/sie-)macht kalt*<br>es ist kalt |
| **fare il bagno**<br>*machen der Bad*<br>baden | **prendere il sole**<br>*nehmen der Sonne*<br>sonnenbaden |

Gibt es hier Quallen / Seeigel?

**Ci sono delle meduse / dei ricci di mare qui?**
*da sind von-die Quallen / von-die Igel von Meer hier*

Darf man hier nackt baden?

**Si può fare un bagno nudi qui?**
*sich (er-/sie-)kann machen ein Bad nackte hier*

Gibt es hier gefährliche Strömungen?

**Ci sono delle correnti pericolose?**
*da sind von-die Strömungen gefährliche*

Verkaufen Sie mir einen Fisch?

**Mi vuole vendere un pesce?**
*mir (er-/sie-)will verkaufen ein Fisch*

# Übernachten

Grundsätzlich ist in Italien das „wilde Campen" verboten. Man kann aber Grundstücksbesitzer oder im Rathaus fragen, und wenn man freundlich ist, wird man sicherlich irgendwo ein Fleckchen für ein Zelt überlassen bekommen. Nicht vergessen, den Abfall anschließend mitzunehmen.

Campingplätze sind im Sommer hoffnungslos überfüllt und außerhalb der Saison häufig geschlossen.

Gegen das Schlafen unter freiem Himmel am Strand hat selten jemand etwas einzuwenden, es sei denn, es artet zum Großlager oder Festival aus. Frauen allein kann ich das allerdings generell nicht empfehlen.

Besondere Vorsicht ist mit Lagerfeuern geboten. Es gibt immer wieder schreckliche Wald- und Wiesenbrände. Besser erst gar kein Feuer machen.

**C'è un campeggio qui vicino?**
*da'ist ein Campingplatz hier nah*
Gibt es hier in der Nähe einen Camping-Platz?

**Posso mettere la tenda sul Suo terreno?**
*(ich-)kann stellen die Zelt auf-der Ihr Grundstück*
Darf ich mein Zelt auf Ihrem Grundstück aufstellen?

**C'è una camera libera?**
*da'ist eine Zimmer frei*
Ist ein Zimmer frei?

**Resto solo una notte.**
*(ich-)bleibe nur eine Nacht*
Ich bleibe nur eine Nacht.

**Posso vedere la camera, per favore?**
*(ich-)kann sehen die Zimmer für Gefallen*
Kann ich das Zimmer bitte sehen?

**È più economico se resto una settimana?**
*(er-)ist mehr billig wenn (ich-)bleibe eine Woche*
Wird es billiger, wenn ich eine Woche bleibe?

| | |
|---|---|
| **il campeggio** | Campingplatz |
| **un posto per campeggiare** | Platz zum Zelten |
| **la tenda** | Zelt |
| **l'albergo** | Hotel |
| **la pensione** | Pension |
| **l'ostello della gioventù** | Jugendherberge |
| **l'alloggio** | Unterkunft |
| **caro** | teuer |
| **economico** | billig |
| **affittasi** | zu vermieten |
| **vendesi** | zu verkaufen |
| **la camera** | Zimmer |
| **- libera** | freies - |
| **- singola / - doppia** | Einzel- / Doppel- |
| **- con bagno / doccia** | - mit Bad / Dusche |
| **la prima colazione inclusa** | Frühstück eingeschl. |
| **la pensione completa** | Vollpension |
| **il letto** | Bett |
| **il cuscino** | Kissen |
| **la coperta** | Decke |
| **la biancheria** | Wäsche |
| **il sapone** | Seife |
| **l'asciugamano** | Handtuch |
| **dormire** | schlafen |
| **lavare** | waschen |
| **lavarsi** | sich waschen |
| **depositare** | deponieren |
| **svegliare** | wecken |
| **la sveglia** | Wecker |
| **il gabinetto** | Toilette |
| **la carta igienica** | Toilettenpapier |

# Haus ...

| | |
|---|---|
| **la casa** | Haus |
| **in casa** | im Haus |
| **la cucina** | Küche |
| **il frigorifero** | Kühlschrank |
| **il fornello** | Herd |
| **il forno** | Ofen |
| **la sala da pranzo** | Esszimmer |
| **la stanza** | Zimmer |
| **il soggiorno** | Wohnzimmer |
| **la camera da letto** | Schlafzimmer |
| **il bagno** | Bad |
| **il gabinetto** | WC |
| **il giardino** | Garten |
| **la terrazza** | Terrasse |
| **il balcone** | Balkon |
| **il tavolo** | Tisch |
| **la sedia** | Stuhl |
| **la poltrona** | Sessel |
| **la porta** | Tür |
| **la scala** | Treppe |
| **la luce** | Licht |
| **la lampada** | Lampe |

## und Familie

***Achtung:***
*Papa heißt auch im Italienischen* **papà** *– nur mit Betonung auf der zweiten Silbe. Betont man das Wort wie bei uns, so ist damit der Papst gemeint!*

| | |
|---|---|
| **la famiglia** | Familie |
| **il padre / il papà** | Vater / Papa |
| **la madre / la mamma** | Mutter / Mama |
| **il fratello** | Bruder |
| **la sorella** | Schwester |
| **il figlio** | Sohn |
| **la figlia** | Tochter |
| **il bambino, la bambina** | Kind |
| **il nonno** | Großvater |
| **la nonna** | Großmutter |
| **il bisnonno** | Urgroßvater |
| **la bisnonna** | Urgroßmutter |
| **il suocero** | Schwiegervater |
| **la suocera** | Schwiegermutter |

Gastfreundschaft wird zumindest abseits der großen Städte und Touristenzentren groß geschrieben. Oft wird man zum Essen eingeladen und mit mehreren Gängen „gemästet".

Sollte Ihnen das widerfahren, so versuchen Sie zunächst, sich dem Familienleben anzupassen. Bieten Sie Ihre Hilfe bei der Essensvorbereitung an, seien Sie aber darauf gefasst, dass Sie keinen Finger krumm machen dürfen.

**Posso aiutare?**
Kann ich helfen?

Ein einfaches Essen besteht aus drei Gängen: Auf die **pasta** (= Nudeln) folgt Fleisch oder Fisch, dann gibt es Käse oder Obst und einen Espresso.

Auch zum Mittagessen wird Wein getrunken, wenn man keinen mag, bediene man sich mit Wasser, das immer auf dem Tisch steht. Brot liegt meist im ganzen Laib auf dem Tisch, und jeder bricht sich ein Stück ab. Wenn Ihnen zum zweiten Mal aufgelegt wird, versuchen Sie weiterzuessen. Die Hausfrau ist in dieser Beziehung schnell beleidigt. Auch wenn Ihnen etwas nicht schmeckt, sollten Sie das nicht allzu deutlich zeigen. Sie würden nicht nur die Kochkunst der Köchin angreifen, sondern die Lebens- und Ernährungsweise eines ganzen Volkes, das auf seine Küche sehr stolz ist.

**Come si chiama questo piatto?**
*wie sich (er-)ruft dieser Teller*
Wie heißt dieses Gericht?

**Com'è fatto?**
*wie'(er-)ist gemacht*
Wie wird es gemacht?

**È buonissimo**
*(er-)ist gutest*
Das ist sehr gut.

**Mi piace molto.**
*mir (er-/sie-)gefällt viel*
Es schmeckt mir sehr gut.

*Beim Eingießen oder Auflegen sagt man, wenn es genug ist:* **Basta, grazie**.

# Essen und Trinken

## Im Restaurant

Es gibt verschiedene Arten von Gaststätten. Die wichtigsten sind:

**il ristorante** Was sich so nennt, ist normalerweise recht teuer und nur für gut betuchtes Publikum geeignet.

**la trattoria** So nennen sich einfache Gaststätten mit meist nur wenigen, täglich wechselnden Gerichten. Oft gibt es keine Karte. Hier kann man normalerweise preiswert essen.

**l'osteria** Das sind Wirtshäuser, die zum Essen oft nur Kleinigkeiten anbieten.

**la pizzeria** Hier gibt's, wie man wohl erwartet, hauptsächlich Pizza.

**la tavola calda** Wörtlich übersetzt heißt das „warmer Tisch". Wir würden Snack-Bar sagen.

**il bar** Ein Stehcafé mit Alkoholausschank.

| | |
|---|---|
| **la (prima) colazione** | Frühstück |
| **il pranzo** | Mittagessen |
| **la cena** | Abendessen |
| **l'antipasto** | Vorspeise |
| **il primo (piatto)** | 1. Gang (= Nudeln) |
| **il secondo (piatto)** | 2. Gang (= Fleisch/Fisch) |
| **la minestra, la zuppa** | Suppe |
| **il dessert** | Nachtisch |
| **il piatto** | Gericht |
| **il menù** | Speisekarte |
| **il conto / pagare** | Rechnung / bezahlen |
| **il cameriere** | Kellner |
| **la cameriera** | Kellnerin |
| **il coltello** | Messer |
| **la forchetta** | Gabel |
| **il cucchiaio** | Löffel |
| **il cucchiaino** | Teelöffel, Kaffeelöffel |
| **il bicchiere** | Glas |
| **la tazza** | Tasse |
| **la caraffa** | Karaffe |
| **la bottiglia** | Flasche |
| **mangiare** | essen |
| **bere** | trinken |
| **caldo / tiepido / freddo** | warm / lau / kalt |
| **cotto** | gekocht |
| **scotto** | verbrannt |
| **arrosto / alla griglia** | gebraten / gegrillt |
| **ai ferri** | am Spieß |
| **al forno** | überbacken |
| **crudo / fritto** | roh / frittiert |
| **cotto / mezzocotto** | gar / halbgar |

# Essen und Trinken

*Übrigens ist es kein Touristennepp,dass man für Gedeck und Brot inzwischen zahlt, in teuren Restaurants oft wesentlich mehr, als in einfachen.*

Wenn mehrere Leute, Freunde zusammen im Restaurant gegessen haben, gibt's am Ende nur eine Rechnung und jeder zahlt soviel wie er glaubt gegessen zu haben. Das Auseinanderdividieren und Abrechnen auf Heller und Pfennig ist in Italien völlig unüblich. Bestehen Sie also nicht auf getrennten Rechnungen. Trinkgelder sind normalerweise schon im Preis enthalten, was aber nicht heißt, dass sich der Kellner nicht über eine kleine Gabe freuen würde, die man, wenn man geht, auf dem Tisch liegen lässt. Rechnungen immer aufheben, da oft vor den Restaurants kontrolliert wird.

Ich möchte ... essen. **Vorrei mangiare ...**
*(ich-)möchte essen*

Ich nehme ... **Prendo ...**
*(ich-)nehme*

Es ist zu salzig/scharf. **È troppo salato/piccante.**
*(er-)ist zu salzig/pikant*

Es schmeckt mir nicht. **Non mi piace.**
*nicht mir (er-/sie-)gefällt*

Die Rechnung, bitte. **Il conto, per favore.**

Der Rest ist für Sie. **Il resto è per Lei.**

## Typische Gerichte

| | |
|---|---|
| **la pizza, gli spaghetti, le lasagne** | etc. kennt man ja. |
| **il minestrone** | Gemüsesuppe |
| **il risotto** | Reisgericht mit Gemüse, Fisch |
| **gli gnocchi** | kleine, aus Kartoffelteig gemachte Klößchen |
| **la mozzarella** | fester Frischkäse aus Büffelmilch (schmeckt neutral) |
| **il parmigiano** | Parmesan |
| **l'ossobuco** | Kalbshaxe, meist gekocht |
| **la bistecca / costoletta** | Steak / Kotelett |
| **i frutti di mare** | Meeresfrüchte (Muscheln etc.) |
| **il fritto misto** | versch. kleine Fische und Meeresfrüchte, frittiert |
| **le tagliatelle verdi** | grüne Bandnudeln |
| **i tortellini alla panna** | Tortellini in Sahnesoße |
| **al forno** | im Ofen überbacken |
| **la macedonia** | Obstsalat |
| **lo zabaione** | geschlagene Eischaumcreme mit sizilianischem Marsala-Wein |

| spaghetti, tagliatelle, rigatoni, maccaroni ecc. | |
|---|---|
| **al sugo** | mit Tomatensoße |
| **alla bolognese/al ragù** | mit Fleischsoße |
| **all'aglio e olio** | mit Knoblauch und Öl |
| **all'amatriciana** | mit Speck und Tomaten |
| **alle vongole** | mit Muscheln |
| **alla carbonara** | mit Speck, Sahne und Ei |

**La pizza migliore si trova nel sud d'Italia, a Napoli.**
*die Pizza beste sich (er-/sie-)findet im Süden von'Italien zu Neapel*
Die beste Pizza gibt's in Süditalien, in Neapel.

## Getränke

| | |
|---|---|
| **l'acqua naturale** | Wasser |
| **- minerale** | Mineralwasser |
| **il caffè** | Kaffee (Espresso) |
| **- lungo** | *langer* Kaffee (= dünner) |
| **- ristretto** | *eingeschränkter* Kaffee (= starker) |
| **- corretto** | *korrigierter* Kaffee (= mit Schnaps) |
| **- macchiato** | *befleckter* Kaffee (= mit Milch) |
| **il cappuccino** | Kaffee mit aufgeschäumter Milch |

| | |
|---|---|
| **- con / senza zucchero** | - mit / ohne Zucker |
| **il latte / il tè** | Milch / Tee |
| **la cioccolata** | Kakao |
| **il succo di frutta** | Obstsaft |
| **la gassosa** | Zitronenlimonade |
| **l'aranciata** | Orangenlimonade |
| **la birra** | Bier |
| **il vino** | Wein |
| **- bianco** | weißer Wein |
| **- rosso** | roter Wein |
| **- rosato** | Roséwein |
| **- locale** | örtlicher Wein |
| **- sfuso** | offener Wein |
| **lo spumante** | Sekt |
| **(dolce/secco)** | (süß/trocken) |
| **il digestivo / l'amaro** | Magenbitter |
| **il liquore** | Schnaps, Likör |
| **ubriaco** | betrunken |
| **con / senza ghiaccio** | mit / ohne Eis |

**Che cosa mi raccomanda?**
*was Sache mir (er-/sie-)empfiehlt*
Was empfehlen Sie mir?

**Che cosa è questo?**
*was Sache (er-)ist dieser*
Was ist das?

**Salute! / Cin cin!** Prost!
**Buon appetito!** Guten Appetit!

## Selbstversorgung

| | |
|---|---|
| **fare la spesa** | einkaufen („Ausgabe machen“) |
| **comprare / vendere** | kaufen / verkaufen |
| **assaggiare** | kosten, probieren (z. B. Essen) |
| **fatto a mano** | handgemacht |
| **aperto / chiuso** | geöffnet / geschlossen |
| **provare** | (an)probieren (z. B. Kleidung) |
| **i soldi / gli spiccioli** | Geld / Kleingeld |
| **il prezzo fisso / l'offerta** | fester Preis / Angebot |
| **molto / più / troppo** | viel / mehr / zuviel |
| **poco / meno / troppo poco** | wenig / weniger / zu wenig |
| **il colore / la qualità** | Farbe / Qualität |
| **la quantità / la somma** | Menge / Summe |
| **la tassa / lo sconto** | Steuer / Rabatt |
| **il chilo / il grammo** | Kilo / Gramm |
| **mezzo chilo / un etto** | Pfund (1/2 kg) / 100 Gramm |
| **un litro / mezzo litro** | Liter / 1/2 Liter |
| **una fetta / un pezzo** | Scheibe / Stück |
| **la metà** | die Hälfte |

**Quanto costano queste scarpe?**
Was kosten diese Schuhe?

**Il prezzo è troppo alto.**
Der Preis ist zu hoch.

**Sono studente e non ho molti soldi.**
*(ich-)bin Student und nicht (ich-)habe viele Gelder*
Ich bin Student und habe wenig Geld.

**La ceramica è fatta a mano?**
*die Keramik (sie-)ist gemachte zu Hand*
Ist die Keramik handgemacht?

# Im Laden

## Geschäfte

| | |
|---|---|
| **la panetteria** | Bäckerei |
| **la pasticceria** | Konditorei |
| **la macelleria** | Metzgerei |
| **il negozio di alimentari** | Lebensmittelladen |
| **il tabaccaio** | Tabakladen (auch für Fahrkarten, Briefmarken usw.) |
| **la latteria** | Milchgeschäft |
| **la farmacia** | Apotheke |
| **il supermercato** | Supermarkt |

## Grundnahrungsmittel

| | |
|---|---|
| **la pasta** | Nudeln |
| **il riso** | Reis |
| **il pane** | Brot |
| **il panino** | Brötchen |
| **il burro** | Butter |
| **il formaggio** | Käse |
| **l'uovo, le uova** | Ei, Eier |
| **l'aceto** | Essig |
| **l'olio** | Öl |
| **la senape** | Senf |
| **lo zucchero** | Zucker |
| **il miele** | Honig |

## Gewürze

| | |
|---|---|
| **le spezie** | Gewürze |
| **il sale / il pepe** | Salz / Pfeffer |
| **il peperoncino** | Peperoni |
| **l'aglio** | Knoblauch |
| **i capperi** | Kapern |
| **l'origano** | Oregano |
| **il basilico** | Basilikum |
| **il prezzemolo** | Petersilie |

## Süßes

| | |
|---|---|
| **il dolce** | Süßigkeit |
| **la torta** | Kuchen, Torte |
| **il gelato** | Speiseeis |
| **il cioccolato** | Schokolade |
| **i biscotti** | Kekse |
| **la panna** | Sahne |

## Fleisch

| | |
|---|---|
| **la carne** | Fleisch |
| **- di maiale** | Schweine- |
| **- di manzo** | Rind- |
| **- di vitello** | Kalbs- |
| **- di montone** | Hammel- |
| **- di agnello** | Lamm- |
| **la carne tritata** | Hackfleisch |
| **il pollo** | Hähnchen |

| | |
|---|---|
| **il coniglio** | Kaninchen |
| **il fegato** | Leber |
| **la salsiccia** | Würstchen |
| **il prosciutto** | Schinken |
| **la pancetta** | Speck |
| **l'affettato** | Aufschnitt |

## Auf dem Markt

### Fisch

| | |
|---|---|
| **il pesce** | Fisch |
| **la sogliola** | Seezunge |
| **la trota** | Forelle |
| **l'aragosta** | Languste |
| **il gambero** | Krebs |
| **gli scampi** | Krabben |
| **le vongole** | Venusmuscheln |
| **le cozze** | Miesmuscheln |
| **il polpo** | Oktopus |
| **i calamari** | Tintenfisch |
| **il tonno** | Thunfisch |

## Gemüse (la verdura)

| | |
|---|---|
| **i legumi** | Hülsenfrüchte |
| **la cipolla** | Zwiebel |
| **il pomodoro** | Tomate |
| **il cavolo** | Kohl |
| **il ~ di Bruxelles** | Rosenkohl |
| **il cavolfiore** | Blumenkohl |
| **i fagiolini** | grüne Bohnen |
| **i fagioli** | Bohnen |
| **le lenticchie** | Linsen |
| **i piselli** | Erbsen |
| **le melanzane** | Auberginen |
| **le zucchine** | Zucchini |
| **le carote** | Karotten |
| **i peperoni** | Paprikaschoten |
| **gli asparagi** | Spargel |
| **il carciofo** | Artischocke |
| **i crauti** | Kraut |
| **gli spinaci** | Spinat |
| **il cetriolo** | Gurke |
| **la zucca** | Kürbis |
| **il mais** | Mais |
| **il grano** | Korn |
| **i cereali** | Getreide |

## Obst (la frutta)

| | |
|---|---|
| l'ananas | Ananas |
| la mela | Apfel |
| l'albicocca | Aprikose |
| la banana | Banane |
| la pera | Birne |
| i datteri | Datteln |
| la fragola | Erdbeere |
| le arachidi | Erdnüsse |
| i fichi | Feigen |
| il lampone | Himbeere |
| il melone | Honigmelone |
| la ciliegia | Kirsche |
| il mandarino | Mandarine |
| le noci | Nüsse |
| l'arancia | Orange |
| il pompelmo | Pampelmuse |
| la pesca | Pfirsich |
| la prugna | Pflaume |
| le olive | Oliven |
| l'uva | Traube |
| l'anguria | Wassermelone |
| il limone | Zitrone |

# Fotografieren

Benehmen Sie sich lieber nicht wie ein Fotoreporter, der über Leichen geht, um ein Bild zu bekommen. Besonders alte Leute mögen es oft nicht, wenn man sie mit der Kamera überfällt.

Auch in Kirchen und bei religiösen Festen sind Kameras normalerweise unerwünscht. Will man jemanden ablichten, der einem fremd ist, sollte man ihn fragen, ob es ihm recht ist.

**Scusi,**
**posso fare una foto(grafia) qui?**
*entschuldigen(-Sie)*
*(ich-)kann machen eine Foto hier*
Entschuldigung, darf ich hier fotografieren?

**Scusi,**
**posso fare una foto(grafia) di Lei?**
*entschuldigen(-Sie)*
*(ich-)kann machen eine Foto von Sie*
Entschuldigung, darf ich Sie fotografieren?

**Vorrei fare una foto di gruppo!**
**Un momento!**
*(ich-)möchte machen eine Foto von Gruppe*
*ein Moment*
Ich möchte ein Gruppenfoto machen!
Einen Moment!

| | |
|---|---|
| **la macchina fotografica** | Fotoapparat |
| **la pellicola** | Film |
| **- a colori** | Farbfilm |
| **- in bianco e nero** | Schwarzweiß-Film |
| **- per diapositive** | Diafilm |
| **fotografare** | fotografieren |
| **fare una foto(grafia)** | ein Foto machen |
| **sviluppare** | entwickeln |
| **la lampadina da flash** | Blitzlämpchen |
| **la foto(grafia) da passaporto** | Passfoto |

## Behörden und Polizei

In Italien herrschen Bürokratie und Korruption. Versuchen Sie also, erst gar nicht in die Verlegenheit zu kommen, sich an ein Amt wenden zu müssen. Alles dauert ewig, bleibt irgendwo liegen und wird nur nach Lust und Laune be arbeitet.

An Öffnungszeiten hält man sich recht ungerne. Versuchen Sie nie, aktiv zu bestechen, wenn Ihnen etwas zu lange dauert, da ist man sehr empfindlich.

Bedenken Sie auch, dass Sie sich in einem Land befinden, in dem alles etwas lässiger gehandhabt wird. Das hat auch seine Vorteile, am besten gewöhnt man sich daran.

| | |
|---|---|
| **l'ufficio** | Büro |
| **l'impiegato** | Beamter |
| **il sindaco** | Bürgermeister |
| **il municipio** | Rathaus |
| **l'ambasciata** | Botschaft |
| **l'ambasciatore** | Botschafter |
| **il consolato** | Konsulat |
| **il console** | Konsul |
| **l'avvocato** | Rechtsanwalt |
| **la petizione** | Antrag |
| **la richiesta** | Anfrage |
| **l'autorizzazione** | Genehmigung |
| **il permesso** | Erlaubnis |
| **il reclamo** | Beschwerde |
| **la dogana** | Zoll |
| **urgente** | dringend, eilig |
| **importante** | wichtig |

**Di che cosa ho bisogno per ...?**
*von was Sache (ich-)habe Bedarf für*
Was benötige ich, um ...?

**A quanto ammontano le tasse?**
*zu wieviel (sie-)betragen die Gebühren*
Wie hoch sind die Gebühren?

| | |
|---|---|
| **il modulo** | Formular |
| **il cognome** | Familienname |
| **il nome** | Vorname |
| **la data di nascita** | Geburtsdatum |
| **il luogo di nascita** | Geburtsort |
| **l'età** | Alter |
| **la nazionalità** | Nationalität |
| **la città** | Stadt |
| **lo stato** | Staat |
| **la carta d'identità** | Personalausweis |
| **il passaporto** | Reisepass |
| **il numero** | Nummer |
| **lo stato civile** | Familienstand |
| **la confessione** | Konfession |
| **la firma** | Unterschrift |
| **la validità** | Gültigkeit |
| **la professione** | Beruf |
| **la patente** | Führerschein |
| **riempire** | ausfüllen |

Ich möchte mit dem Leiter / Bürgermeister sprechen.
**Vorrei parlare col direttore / sindaco.**
*(ich-)möchte sprechen mit-der Direktor / Bürgermeister*

Wann öffnet das Büro?
**A che ora apre l'ufficio?**
*zu was Stunde (er-)öffnet der'Büro*

Was bedeutet das?
**Che cosa significa questo?**
*was Sache (er-)bedeutet dieser*

Ich habe den Personalausweis verloren.
**Ho perso la carta d'identità.**
*(ich-)habe verloren die Karte von'Identität*

## Bei der Polizei

Dass in Italien viel gestohlen wird, stimmt nur bedingt. Es ist eigentlich nicht schlimmer als in unseren Großstädten, nur dass man als Tourist halt besonders attraktiv ist. Das gilt aber nur für die Metropolen. Auf dem Lande kann man sein Portemonnaie irgendwo vergessen und bekommt es unter Umständen sogar nachgetragen. Aber, wie gesagt, in den großen Städten, auf Hauptbahnhöfen und in öffentlichen, überfüllten Verkehrsmitteln sollte man aufpassen. Kommt Ihnen doch etwas abhanden, haben Sie kaum eine Chance, es zurückzubekommen. Aber für die Reisegepäckversicherung wird man zur Polizei müssen.

| | |
|---|---|
| **la polizia** | Polizei |
| **il posto di polizia** | Polizeidienststelle |
| **il poliziotto** | Polizist |
| **la guardia** | Wache |
| **i carabinieri** | Carabinieri |
| **il vigile** | Stadtpolizist |
| **il commissariato** | Polizeirevier |
| **la questura** | Polizeipräsidium |
| **rubare** | stehlen |
| **il furto** | Diebstahl |
| **il ladro** | Dieb |
| **violentare** | vergewaltigen |
| **fermare** | festnehmen |
| **arrestare** | einsperren |
| **la pistola** | Pistole |

| | |
|---|---|
| **il coltello** | Messer |
| **i documenti** | Papiere |
| **la chiave** | Schlüssel |
| **la borsa** | Tasche |
| **il borsellino** | Geldbeutel |
| **fare una denuncia** | eine Anzeige machen |
| **tutto, salvo ...** | alles außer ... |
| **il valore** | Wert |
| **Aiuto!** | Hilfe! |

**Sono tedesco(-a) / svizzero(-a) / austriaco(-a)**
*(ich-)bin Deutscher(Deutsche) / Schweizer(in) / Österreicher(in)*
Ich bin Deutsche(r) / Schweizer(in) / Österreicher(in).

**Mi hanno rubato lo zaino / la borsa.**
*mir (sie-)haben gestohlen der Rucksack / die Tasche*
Man hat mir den Rucksack / die Tasche gestohlen.

**Vorrei fare una denuncia.**
*(ich-)möchte machen eine Anzeige*
Ich möchte eine Anzeige machen.

# Geld und Bank

**B**anken haben normalerweise nur vormittags geöffnet, einige auch nachmittags noch einmal für eine Stunde. Zum Einlösen von Schecks muss man ein Formular ausfüllen. Falls man nicht in dem jeweiligen Ort wohnt, beantworte man die Frage nach dem Wohnsitz mit **di passaggio** (= auf der Durchreise). Wechselkurse sind von Bank zu Bank sehr verschieden, also vergleichen. Straßenwechsler begaunern einen *immer*.

| | |
|---|---|
| **la banca** | Bank |
| **lo sportello** | Schalter |
| **l'assegno (turistico)** | (Reise-)Scheck |
| **il (corso di) cambio** | Wechselkurs |
| **la valuta** | Währung |
| **i soldi** | Geld |
| **i contanti** | Bargeld |
| **gli spiccioli** | Kleingeld |
| **la moneta** | Münze |
| **il biglietto** | Geldschein |
| **la centrale / la filiale** | Zentrale / Filiale |
| **cambiare soldi** | Geld wechseln |
| **~ un assegno** | Scheck einlösen |
| **Euro** | Euro |
| **i franchi svizzeri** | Schweizer Franken |
| **la carta di credito** | Kreditkarte |
| **il bancomat** | Geldautomat |

**Vorrei cambiare quest'assegno.**
*(ich-)möchte wechseln dieser'Scheck*
Ich möchte diesen Scheck einlösen.

**Vogliamo cambiare dei soldi.**
*(wir-)möchten wechseln von-die Gelder*
Wir möchten Geld wechseln.

**Vorrei avere un bonifico dalla Germania.**
*(ich-)möchte haben ein Gutschrift aus-die Deutschland*
Ich möchte mir Geld aus Deutschland überweisen lassen.

**Dov'è il bancomat più vicino?**
*wo'(er-)ist der Geldautomat mehr nah*
Wo ist der nächste Geldautomat?

## Post und Telefon

Telefonieren kann man überall dort, wo ein rundes, gelbes Schild mit schwarzer Wählscheibe hängt, natürlich auch in Telefonzellen und in den Zentralen der **SIP** (Telefongesellschaft). Man kann von den meisten Apparaten sowohl mit einer **carta telefonica** (beim **tabaccaio** und in Schreibwarengeschäften erhältlich) als auch mit Euro-Münzen telefonieren. Die früher allgegenwärtigen **gettoni** (Telefonmünzen) sind aber seit der Jahrtausendwende nicht mehr im Gebrauch.

# Post und Telefon

| | |
|---|---|
| **la posta** | Post |
| **l'ufficio postale** | Postamt |
| **la lettera** | Brief |
| **la cartolina** | Postkarte |
| **il francobollo** | Briefmarke |
| **affrancare** | frankieren |
| **la raccomandata** | Einschreiben |
| **l'espresso** | Eilbrief |
| **il pacco** | Paket |
| **il pachetto** | Päckchen |
| **la posta aerea** | Luftpost |
| **inviare, spedire, mandare** | senden, schicken |
| **telefonare** | telefonieren |
| **chiamare** | anrufen |
| **– all'estero** | – ins Ausland |
| **– in Germania** | – nach Deutschland |
| **il telefono** | Telefon |
| **il numero di telefono** | Telefonnummer |
| **il telefonino, il telefono cellulare** | Handy |
| **la carta prepagata** | Prepaid-Karte |
| **la ricarica** | Aufladung |

**Scusi, ma il telefono è fuori servizio.**
*entschuldigen(-Sie) aber der Telefon (er-)ist außer Dienst*
Entschuldigung, das Telefon funktioniert nicht.

**Dove si può telefonare all'estero?**
*wo sich (er/sie-)kann telefonieren zu-der'Ausland*
Wo kann man ins Ausland telefonieren?

# Krank sein

| | |
|---|---|
| **il medico** | Arzt |
| **il dottore** | Doktor |
| **il ginecologo** | Frauenarzt |
| **il dentista** | Zahnarzt |
| **il dermatologo** | Hautarzt |
| **l'otorino(laringoiatra)** | HNO-Arzt |
| **il chirurgo** | Chirurg |
| **l'ospedale** | Krankenhaus |
| **la clinica** | Klinik |
| **l'ambulanza** | Rettungswagen |
| **la Croce Rossa** | Rotes Kreuz |
| **la diagnosi** | Diagnose |
| **il trattamento** | Behandlung |
| **la cura** | Kur |
| **l'attestato (per la mutua)** | Bescheinigung |
| **il malato, la malata** | Kranke(r) |
| **l'iniezione** | Spritze |
| **la vaccinazione** | Impfung |
| **la pressione del sangue** | Blutdruck |
| **la circolazione** | Kreislauf |
| **il disinfettante** | Desinfektionsmittel |
| **il calmante** | Beruhigungsmittel |
| **la pillola** | Tablette, Pille |
| **i medicinali** | Medizin |
| **le gocce** | Tropfen |
| **la ricetta** | Rezept |
| **la farmacia** | Apotheke |

| | |
|---|---|
| **l'allergia** | Allergie |
| **il contagio** | Ansteckung |
| **la diarrea** | Durchfall |
| **la febbre** | Fieber |
| **la tosse** | Husten |
| **l'infezione** | Infektion |
| **la puntura d'insetto** | Insektenstich |
| **la frattura** | Knochenbruch |
| **il mal di testa** | Kopfschmerzen |
| **il dolore** | Schmerz |
| **il raffreddore** | Schnupfen |
| **l'insolazione** | Sonnenstich |
| **la nausea** | Übelkeit |
| **l' incidente** | Unfall |
| **la costipazione** | Verstopfung |
| **la ferita** | Wunde |
| **il mal di dente** | Zahnschmerzen |
| **il braccio** | Arm |
| **la pancia** | Bauch |
| **la gamba** | Bein |
| **il petto** | Brust |
| **il piede** | Fuß |
| **il collo** | Hals |
| **il cuore** | Herz |
| **la testa** | Kopf |
| **il fegato** | Leber |
| **lo stomaco** | Magen |
| **i muscoli** | Muskeln |
| **i nervi** | Nerven |
| **il rene** | Niere |
| **il dente** | Zahn |
| **contagioso** | ansteckend |

| | |
|---|---|
| **trattare** | behandeln |
| **aver bisogno di** | brauchen |
| **urgente** | dringend |
| **vomitare** | erbrechen |
| **pericoloso** | gefährlich |
| **vaccinare** | impfen |
| **necessario** | notwendig |
| **chiamare** | rufen |
| **bendare** | verbinden |
| **importante** | wichtig |

**Ho mal di testa.**
*(ich-)habe Übel von Kopf*
Ich habe Kopfschmerzen.

**Ho bisogno di un medico!**
*(ich-)habe Bedarf von ein Arzt*
Ich brauche einen Arzt!

**Non mi tolga questo dente, per favore.**
*nicht mir wegnehmen(-Sie) dieser Zahn für Gefallen*
Bitte ziehen Sie diesen Zahn nicht.

**Mi dia un'iniezione, per favore**
*mir geben(-Sie) eine'Spritze für Gefallen*
Geben Sie mir bitte eine Spritze!

**Mi può prescrivere qualcosa contro ...**
*mir (er-/sie-)kann verschreiben etwas gegen*
Können Sie mir etwas gegen ... verschreiben?

**Chiami un medico, per favore!**
*rufen(-Sie) ein Arzt für Gefallen*
Rufen Sie bitte einen Arzt!

**Ho bisogno di un attestato**
**per la mutua e una ricevuta.**
*(ich-)habe Bedarf von ein Attest*
*für die Versicherung und eine Quittung*
Ich benötige eine Bescheinigung
und eine Quittung für die Versicherung.

**Accetta una tessera sanitaria internazionale?**
*(er-/sie-)akzeptiert eine Ausweis gesundheitlich international*
Nehmen Sie einen internationalen Krankenschein?

Zur Erstattung der Kosten benötigt man grundsätzlich ausführliche Quittungen mit Datum, Namen, Bericht über Art und Umfang sowie Kosten der Behandlung und Medikamente. Es werden nicht unbedingt alle Kosten von der Krankenkasse rückerstattet. Daher möglichst immer eine zusätzliche Auslandskrankenversicherung abschließen.

# Toilette & Co.

| | |
|---|---|
| Wo ist das Bad / die Toilette / das Waschbecken? | **Dov'è il bagno / il gabinetto / il lavabo?** |
| Gibt es hier in der Nähe eine öffentliche Toilette? | **C'è un gabinetto pubblico qui vicino?**<br>*da'ist ein Toilette öffentlich hier nah* |
| Es gibt kein Toilettenpapier. | **Non c'è carta igienica.**<br>*nicht da'ist Papier hygienische* |
| Kann ich ein bisschen Seife haben? | **Si può avere un po' di sapone?**<br>*sich (er-/sie-)kann haben ein wenig von Seife* |
| Der Abfluss ist verstopft. | **Lo scarico non funziona.**<br>*der Abfluss nicht (er-)funktioniert* |
| Damenbinden | **gli assorbenti** |
| Tampons | **i tampax** |
| Kondom | **il preservativo, il profilattico** |

# Wie ein Gespräch beginnt

Jeder, den man trifft, wird einen zu Beginn in ein solches oder ähnliches Gespräch verwickeln:

| | |
|---|---|
| Hallo, wie geht's? | **Ciao, come stai?**<br>*hallo wie (du-)bist* |
| Danke, gut. Und Dir? | **Bene, grazie. E tu?**<br>*gut danke und Du* |
| Mir auch. Wie heißt Du? | **Anch'io. Come ti chiami?**<br>*auch'ich wie dich (du-)rufst* |
| Ela, und Du? | **Ela, e tu?**<br>*Ela und Du* |
| Johannes. Woher kommt Du? | **Giovanni. Da dove vieni?**<br>*Johannes von wo (du-)kommst* |
| Aus Deutschland. | **Dalla Germania.**<br>*von-die Deutschland* |
| Gefällt Dir Italien? | **Ti piace l'Italia?**<br>*dir (sie-)gefällt die'Italien* |
| Ja, sehr gut. | **Si, mi piace tanto.**<br>*ja mir (sie-)gefällt sehr* |
| Es ist ein wunderschönes Land. | **È un bellissimo paese.**<br>*(sie-)ist ein schönst Land* |

Was arbeitest Du?
**Che lavoro fai in Germania?**
*was Arbeit (du-)machst in Deutschland*

Oder bist Du Student?
**O sei studente?**
*oder (du-)bist Student*

Man wird noch vieles mehr fragen. Am besten gut hinhören und versuchen, immer zu antworten, auch wenn es nur zum „Kauderwelsch" reicht. Auf diese Weise wird man am schnellsten Fortschritte machen. Falls man etwas nicht richtig versteht, sagt man einfach:

Bitte sprich etwas langsamer / deutlicher.
**Puoi parlare più lentamente / chiaramente?**
*(du-)kannst sprechen mehr langsam / klar*

Ich habe nicht verstanden.
**Non ho capito.**
*nicht (ich-)habe verstanden*

Wiederhole es bitte.
**Puoi ripetere, per favore?**
*(du-)kannst wiederholen für Gefallen*

Was bedeutet das?
**Che significa questo?**
*was (er-)bedeutet dieser*

Buchstabiere es bitte.
**Puoi sillabare, per favore?**
*(du-)kannst buchstabieren für Gefallen*

Na dann, tschüss. Vielleicht sehen wir uns in Italien.
**Ciao, allora. Forse ci vediamo in Italia.**
*tschüss dann vielleicht uns (wir-)sehen in Italien*

MARTINI
Caffè Torino
Ristorante

*Die folgenden Wörterlisten sind nicht als Wörterbuchersatz gedacht, sondern stellen vielmehr einen Grundwortschatz von ca. 1.000 der am häufigsten gebrauchten Wörter dar. Je nach Bedarf kann es also nützlich sein, zusätzlich eines der überall erhältlichen Wörterbücher (z. B. von Pons) mitzunehmen.*

*Bei Hauptwörtern wird nur dann das Geschlecht angegeben, wenn es nicht der Faustregel* **-o** *= männlich /* **-a** *= weiblich entspricht.*

*Folgende Abkürzungen werden verwendet:*

**m** *männlich*
**w** *weiblich*
**pl** *Plural (Mehrzahl)*
**x** *unregelmäßiges Tätigkeitswort (Verb)*

# Deutsch – Italienisch

## A

**Abend** sera
**abends** alla sera
**aber** ma
**abfahren** partire
**Abfahrt** partenza
**Abfluss** scarico
**abgelegen** distante
**abreisen** partire
**Adresse** indirizzo
**Agentur** agenzia
**ähnlich** simile
**Allee** viale, *m*
**alle** tutti
**allein** solo
**allgemein** generale
**also** dunque
**alt** vecchio
**altern** invecchiare
**Ampel** semaforo
**amüsieren, sich** divertirsi
**an** a
**anbieten** offrire, *x*
**anderer** altro
**ändern** cambiare
**Anfang** inizio
**anfangen** cominciare
**anfassen** toccare
**Angel** canna da pesca
**Angestellter** impiegato
**anhalten** fermare
**ankommen** arrivare
**Ankunft** arrivo
**anrufen** telefonare a
**antik** antico
**Antwort** risposta
**antworten** rispondere, *x*
**anziehen** indossare
**Anzug** abito
**Apfel** mela
**Apotheke** farmacia
**Apparat** apparecchio
**Appetit** appetito
**Aprikose** albicocca
**Arbeit** lavoro
**arbeiten** lavorare
**Arbeiter(in)** operaio, -a
**Archäologie** archeologia
**Arm** braccio
**arm** povero
**Armband** bracciale, *m*
**Aroma** aroma, *m*
**Artischocke** carciofo
**Art** modo
**Arzt** medico
**Arztpraxis** consultorio
**atmen** respirare
**Aubergine** melanzana
**auch** anche
**auf** su, sopra
**aufbrechen** andarsene, *x*
**aufhören** finire
**Aufnahme** foto, *m*
**aufpassen** stare attento, *x*
**aufstehen** alzarsi
**aufwachen** svegliarsi
**Auge** occhio
**Augenblick** momento
**aus (von)** da, di
**ausbreiten** stendere, *x*
**Ausflug** giro
**Ausgaben** spese, *w/pl*
**Ausgang** uscita
**Auskunft** informazione, *w*
**Ausland** estero
**aussehen** parere, *x*
**auswendig** a memoria
**außen** fuori
**außer** eccetto
**außerhalb** fuori
**ausziehen, sich** spogliarsi
**Auto** macchina
**Automat** distributore, *m*
**Autoreifen** gomma

## B

**Baby** bebè, *m*
**Bäcker** panetteria
**Bad** bagno
**baden** fare un bagno, *x*

**Bahnhof** stazione, *w*

**Balkon** balcone, *m*

**Bank** banca

**Batterie** batteria

**bauen** costruire

**Bauer** contadino

**Baum** albero

**beenden** finire

**befreien** liberare

**begießen** festeggiare

**Behandlung** terapia

**bekannt** conosciuto

**bekommen** ricevere

**Benzin** benzina

**Berg** monte, *m*

**berühren** toccare

**beschließen** decidere, *x*

**besetzt** occupato

**besonders** particulare

**besser** meglio

**bestellen** ordinare

**Bestellung** ordinazione, *w*

**Bett** letto

**Bettzeug** biancheria

**bezahlen** pagare

**Biene** ape, *w*

**Bier** birra

**Bild** quadro

**billig** economico

**binden** legare

**Birne** pera

**bis** fino a

**Bischof** vescovo

**bitte** per favore, prego

**bitten** pregare

**blasen** soffiare

**blass** pallido

**Blatt** *(Baum)* foglia

**Blatt** *(Papier)* foglio

**bleiben** restare

**Bleistift** matita

**Blende** diaframma, *m*

**Blitz** fulmine, *m*

**blond** biondo

**Blume** fiore, *m*

**Bluse** camicetta

**Blutdruck** pressione, *w*

**bluten** sanguinare

**Bohnen** fagioli, *m/pl*

**Bonbon** caramella

**brauchen** avere bisogno di, *x*

**Braut** sposa

**Bräutigam** sposo

**brechen** rompere, *x*

**breit** largo

**Bremse** freno

**brennen** bruciare

**Brief** lettera

**Briefkasten** cassetta postale

**Briefmarken** francobollo

**bringen** portare

**Brot** pane, *m*

**Brücke** ponte, *m*

**Bruder** fratello

**Brust** petto

**Buch** libro

**buchen** riservare

**Buchstabe** lettera

**Bügeleisen** ferro da stiro

**bügeln** stirare

**Bühne** palcoscenico

**Bürger** cittadino

**Büro** ufficio

**Bürste** spazzola

**Bus** autobus, *m*; pullman, *m*

## C & D

**Chef** capo

**Christ** cristiano

**Cousin(e)** cugino, -a

**damals** allora

**Dame** signora

**danach** dopo

**danken** ringraziare

**dann** poi

**dass** che

**dauern** durare

**dauernd** continuamente

**Decke** coperta

**denken** pensare

**Denkmal** monumento

**deutsch** tedesco

**Deutscher** tedesco

**Deutschland** Germania
**Diapositiv** diapositivo
**dick** grasso
**Dieb** ladro
**Diesel** gasolio
**Direktor** direttore, *m*
**Dorf** villaggio, paese, *m*
**dort** lì, là
**Drama** dramma, *m*
**drinnen** dentro
**Drucksache** stampe, *w/pl*
**dumm** scemo
**dunkel** buio *(Licht)*, scuro *(Farbe)*
**Dunkelheit** oscurità
**durchsichtig** trasparente
**Durst haben** avere sete, *x*
**Dusche** doccia

## E

**Ebene** pianura
**ebenfalls** altrettanto
**Ehe** matrimonio
**Ehepaar** coppia
**Ei** uovo
**einfach** semplice, facile
**einige** alcuni, alcune
**Einkäufe** spese, *w/pl*
**einladen** invitare
**einmal** una volta
**einsam** solo *(Person)*, isolato *(Lage)*
**einschiffen** imbarcare
**Einschiffung** imbarco
**einst** una volta
**eintreten** entrare
**Eintrittskarte** biglietto
**einverstanden** d'accordo
**Eis** *(Speiseeis)* gelato
**Eisen** ferro
**Eisenbahn** ferrovia
**Eltern** genitori, *m/pl*
**Ende** fine, *w*
**endlich** finalmente
**eng** stretto
**Enkelkind** nipote, *m/w*
**entfernen** allontanare
**entschuldigen** scusare
**entweder ... oder** o ... o
**entwickeln** sviluppare
**Epoche** epoca
**Erdbeben** terremoto
**Erdbeere** fragola
**Erde** terra
**Erfrischung** rinfresco
**erhitzen** riscaldare
**erinnern, sich** ricordarsi (di)
**erkälten, sich** raffreddarsi
**erlauben** permettere, *x*
**Erlaubnis** permesso
**ernst** serio
**erster** primo
**Erwachsener** adulto
**Esel** asino
**essen** mangiare
**Essen** cibo
**Essig** aceto
**etwas** qualcosa
**europäisch** europeo
**existieren** esistere

## F

**Fabrik** fabbrica
**Fähre** traghetto
**fahren** andare, *x*
**Fahrer** autista, *m*
**Fahrkarte** biglietto
**Fahrplan** orario
**Fahrrad** bicicletta
**Fahrt** viaggio
**fallen** cadere
**Familie** famiglia
**Farbe** colore, *m*
**Farbfilm** pellicola a colori
**farbig** colorato
**fehlen** mancare
**Fehler** sbaglio, errore, *m*
**Feier** festa,

celebrazione, *w*
**feiern** festeggiare
**Feige** fico
**fein** fino, sottile
**Felsen** roccia
**Fenster** finestra
**Ferien** vacanze, *w/pl*
**fertig** pronto
**Feuer** fuoco
**Fieber** febbre, *w*
**Film** film, *m*
**filmen** filmare
**Filter** filtro
**finden** trovare
**Finger** dito
**Fisch** pesce, *m*
**fischen** pescare
**Fischer** pescatore, *m*
**Flasche** bottiglia
**Fleisch** carne, *w*
**Fliege** mosca
**Flughafen** aeroporto
**Flugzeug** aereo
**Fluss** fiume, *m*
**folgen** seguire
**folgende(r)** seguente
**Fotograf** fotografo
**Fotografie** fotografia
**fotografieren** fotografare
**fragen** domandare
**Frankreich** Francia
**Franzose** francese
**französisch** francese
**Frau** donna, signora
**Fräulein** signorina
**frei** libero
**Freiheit** libertà
**Fremde(r)** straniero, -a
**Freude** piacere, *m*
**freuen, sich** rallegrarsi
**Freund** amico
**freundlich** gentile
**frieren** avere freddo, *x*
**frisch** fresco
**Friseur** parrucchiere, *m*
**Friseurladen** salone, *m*
**Frucht** frutto
**früh** presto
**früh morgens** di mattina presto
**früher** prima
**Frühling** primavera
**Frühstück** colazione, *w*
**Fuchs** volpe, *w*
**führen** guidare
**füllen** riempire
**funktionieren** funzionare
**für** per
**fürchten, sich** avere paura (di), *x*
**Fuß** piede, *m*
**Fußball** pallone, *m*; *(Sportart)* calcio
**Fußboden** pavimento
**Fußbremse** freno (a pedale)

## G

**Gabel** forchetta
**ganz** tutto, intero
**Garten** giardino
**Gas** gas, *m*
**Gast** ospite, *m*
**gastfreundlich** ospitale
**Gatte/Gattin** marito/moglie, *w*
**gebären** partorire
**geben** dare, *x*
**gebraten** arrosto
**Geburt** nascita
**Geburtstag** compleanno
**Gefahr** pericolo
**gefallen** piacere
**Gefängnis** prigione, *w*
**Gegend** regione, *w*
**gegenüber** di fronte
**Geheimnis** segreto
**gehen** andare, *x*; camminare
**Gehirn** cervello
**gekocht** cotto
**Geld** soldi, *m/pl*
**Gemüse** verdura
**genau** esatto, preciso
**genügend** sufficiente
**Gepäck** bagaglio
**gerade** diritto
**gerecht** giusto
**Geschäft** negozio

**Geschenk** regalo
**geschlossen** chiuso
**Geschmack** gusto
**Gesellschaft** società
**Gesicht** faccia, viso
**Gespräch** conversazione, *w*
**Gestalt** forma, figura
**gesund** sano
**Gesundheit** salute, *w*
**Gewicht** peso
**Gewinn** vincita
**gewinnen** vincere
**Gift** veleno
**Gipfel** cima
**glänzen** splendere
**glänzend** splendido
**Glas** *(Trinkglas)* bicchiere, *m*
**glauben** credere
**gleich** uguale
**Glück** fortuna
**Gold** oro
**golden** d'oro
**Gott** Dio
**Grad** grado
**Greis(in)** vecchio, -a
**Grenze** frontiera
**griechisch** greco
**groß** grande
**Großmutter** nonna
**Großvater** nonno
**Grund** motivo
**Gruß** saluto
**grüßen** salutare
**Gurke** cetriolo

## H

**Haare** capelli, *m/pl*
**haben** avere, *x*
**Hafen** porto
**halb** mezzo
**Hälfte** metà
**Hals** collo; *(Kehle)* gola
**halten** tenere, *x*
**Haltestelle** fermata
**Hand** mano, *w*
**Handarbeit** lavoro manuale
**Handtuch** asciugamano
**hart** duro
**Hase** lepre, *w*
**Haus** casa
**Hausfrau** casalinga
**Hausherr** padrone di casa, *m*
**Haut** pelle, *w*
**heilen** curare
**heilig** santo
**Heimat** patria
**Heimweh** nostalgia
**heißen** chiamarsi
**Held** eroe, *m*
**helfen** aiutare
**hell** chiaro
**Herbst** autunno
**Herd** forno
**Herr** signore, *m*
**hinuntergehen** scendere, *x*
**Herz** cuore, *m*
**heute** oggi
**heute abend** stasera
**hier** qui
**Hilfe** aiuto
**Himmel** cielo
**hinauf** in sù
**hinlegen, sich** sdraiarsi
**hinten/hinter** dietro
**hinunter** in giù
**Hitze** caldo; calore, *m*
**hoch** alto
**Hochzeit** nozze, *w/pl*
**hoffen** sperare
**Hoffnung** speranza
**Höhe** altezza
**Holz** legno
**Honig** miele, *m*
**hören** sentire; *(zuhören)* ascoltare
**Hose** pantaloni, *m/pl*
**Hotel** albergo
**Hügel** collina
**Huhn** gallina
**Hühnchen** pollo
**Hummer** aragosta
**Hund** cane, *m*

**Hunger** fame, *w*
**Husten** tosse, *w*
**Hut** cappello

## I

**Idee** idea
**Imbiss** spuntino
**immer** sempre
**in Ordnung** a posto
**in** in; a; fra
**Inland** interno
**Innenhof** cortile, *m*
**innerhalb** fra; entro
**Insel** isola
**interessieren** interessare
**inzwischen** frattanto, intanto
**irgendwo** in qualche luogo

## J

**ja** sì
**Jacke** giacca
**Jahr** anno
**Jahreszeit** stagione, *w*
**jeder** ognuno
**jetzt** adesso, ora
**Joghurt** yogur, *m*
**Junge** ragazzo

## K

**Kabine** cabina
**Kaffee** caffè, *m*
**Kalb(fleisch)** (carne di) vitello
**kalt** freddo
**Kamille** camomilla
**kämpfen** lottare
**Kaninchen** coniglio
**Kap** capo
**Kapitän** capitano
**Karaffe** caraffa
**Karte** carta
**Kartoffel** patata
**Käse** formaggio
**Kasse** cassa
**Kassierer(in)** cassiere, -a
**Kauf** compra
**kaufen** comprare
**kaum** appena
**Kellner** cameriere, *m*
**kennen** conoscere, *x*
**Kerze** candela
**Kiefer** pino selvatico
**Kilometer** chilometro
**Kind** bambino, -a
**Kino** cinema, *m*
**Kiosk** chiosco
**Kirche** chiesa
**Kissen** cuscino
**Kleid** vestito; abito
**Kleidung** vestiti, *m/pl*; abbigliamento
**klein** piccolo
**Kleingeld** spiccioli, *m/pl*
**Klippe** scoglio
**Kloster** convento
**Knoblauch** aglio
**Knochen** osso
**Koch** cuoco
**kochen** cucinare
**Koffer** valigia
**Kohl** cavolo
**kommen** venire, *x*
**Kondom** preservativo; profilattico
**können** potere, *x*
**Kontrolle** controllo
**Kontrolleur** controllore, *m*
**kontrollieren** controllare
**Kopf** testa
**Kopfweh** mal di testa, *m*
**Körper** corpo
**kosten** costare
**Kostüm** costume, *m*
**Kotelett** costoletta
**Kraft** forza
**krank** malato
**Krankenhaus** ospedale, *m*
**Krankheit** malattia

**Kreis** cerchio
**Krieg** guerra
**Küche** cucina
**Kuchen** torta, *m*
**Kugelschreiber** penna (a sfera)
**Kühle** fresco
**kühlen** rinfrescare
**Kühlschrank** frigorifero
**Kunst** arte, *w*
**Künstler** artista, *m/w*
**kurz** corto; *(zeitl.)* breve
**küssen** baciare

## L

**lächeln** sorridere, *x*
**lachen** ridere, *x*
**Laden** negozio
**Laken** lenzuolo
**Lammfleisch** agnello
**Lampe** lampada
**Land** paese, *m*
**Landsmann** compatriota, *m*
**Landstreicher** vagabondo
**lang** lungo
**Länge** lunghezza
**langsam** lento
**lassen** lasciare
**laufen** correre, *x*
**Laune** umore, *m*
**laut** rumoroso
**leben** vivere, *x*
**Leben** vita
**lebendig** vivo
**Leber** fegato
**Lebewesen** essere vivente, *m*
**Leder** cuoio; pelle, *w*
**ledern** di cuoio
**legen** mettere, *x*
**Lehrer** professore, *m*
**Lehrerin** professoressa
**leicht** *(Gewicht)* leggero; *(einfach)* facile
**leiden** soffrire, *x*
**leider** purtroppo
**leise** piano
**Leitung** direzione, *w*
**lenken** dirigere, *x*; guidare
**lernen** imparare
**lesen** leggere, *x*
**letzte(r)** ultimo, -a
**leuchten** risplendere
**Leute** gente, *w/sg*
**Licht** luce, *w*
**lieb** caro
**Liebe** amore, *m*
**lieben** amare
**lieber** piuttosto
**Lied** canzone, *w*
**liegen** essere sdraiato, *x*
**lila** lilla
**Linie** linea
**links** (a) sinistra
**Liter** litro
**Loch** buco
**Löffel** cucchiaio
**logisch** logico
**lokal** *(örtlich)* locale
**lösen** risolvere, *x*
**Lösung** soluzione, *w*
**Löwe** leone, *m*
**Luft** aria
**Luftpost** posta aerea
**Lüge** bugia

## M

**machen** fare, *x*
**Mädchen** ragazza
**Magen** stomaco
**mager** magro
**Mal** volta
**manchmal** qualche volta
**Mann** uomo
**Mannschaft** squadra
**Mantel** cappotto
**Markt** mercato
**Marmor** marmo
**Maschine** macchina
**Maß** misura
**Matratze** materasso
**matt** opaco

**Maut** pedaggio
**Medikament** medicamento
**Meer** mare, *m*
**mehr** più
**Meinung** opinione, *w*
**Meister** maestro
**Mensch** uomo
**menschlich** umano
**messen** misurare
**Messer** coltello
**mieten** affittare
**Milch** latte, *m*
**Mineralwasser** acqua minerale
**Minute** minuto
**mit** con
**Mittag** mezzogiorno
**mittags** a mezzogiorno
**Mitte** centro
**Mitternacht** mezzanotte, *w*
**Möbel** mobili, *m/pl*
**möbliert** ammobiliato
**modern** moderno
**möglich** possibile
**Monat** mese, *m*
**Mönch** monaco
**Mond** luna
**morgen** domani
**morgens** di mattina
**Motorrad** motocicletta
**Möwe** gabbiano
**Mücke** zanzara
**Mund** bocca
**Münze** moneta
**Muschel** conchiglia
**Museum** museo
**Musik** musica
**Musiker** musicista, *m*
**Mut** coraggio
**Mutter** madre, *w*

## N

**nach** dopo
**Nachmitag** pomeriggio
**nachmittags** di pomeriggio
**Nacht** notte, *w*
**nachts** di notte
**nahe** vicino
**Nähnadel** ago da cucire
**Name** nome, *m*
**nämlich** cioè
**Nase** naso
**Natur** natura
**natürlich** naturale *(Adjektiv)*; naturalmente *(Adverb)*
**neben** accanto a
**nebenan** qui accanto
**Nebenstrasse** strada laterale
**Neffe** nipote, *m*
**Negativ** negativa
**nehmen** prendere, x
**nein** no
**nennen** chiamare
**Nerv** nervo
**neu** nuovo
**nicht** non
**Nichte** nipote, *w*
**nichts** niente
**nie** mai
**niemand** nessuno
**Niere** rene, *m*
**noch** ancora
**Nonne** monaca
**Norden** nord, *m*
**nördlich von** al nord di
**nötig sein** occorrere, x

## O

**ob** se
**oben** sù
**Obst** frutta
**oder** o
**Ofen** forno
**offen** aperto
**öffentlich** pubblico
**öffnen** aprire, x
**oft** spesso
**ohne** senza
**Ohr** orecchio
**Öl** olio

**Olive** oliva
**Ölstand** livello d'olio
**Onkel** zio
**Orange** arancia
**Orangenlimonade** aranciata
**Ort** luogo; posto
**Osten** est, *m*
**Ostern** pasqua
**Österreich** Austria
**Österreicher** austriaco
**östlich von** all'est di

## P

**Papier** carta
**Parkplatz** parcheggio
**Pass** passaporto
**Passagier** passeggero
**Passant** passante, *m/w*
**Pause** pausa
**Personalausweis** carta d'identità
**Person** persona
**persönlich** personale
**Petersilie** prezzemolo
**Pfeffer** pepe, *m*
**Pferd** cavallo
**Pfingsten** pentecoste, *w*
**Pfirsich** pesca
**Pflaume** prugna
**Pille** pillola
**Platz** piazza *(Stadt)*; spazio *(Raum)*; posto *(Sitz)*
**plaudern** chiacchierare
**plötzlich** d'improvviso
**Polizei** polizia
**Polizist** poliziotto
**Portion** porzione, *w*
**Post** posta
**Preis** prezzo
**Problem** problema, *m*
**Professor** professore, *m*
**Programm** programma, m
**prüfen** provare
**pur** puro, liscio

## Q & R

**Qualle** medusa
**Quelle** sorgente, *w*
**Quittung** ricevuta
**rasieren** fare la barba, *x*
**Rauch** fumo
**rauchen** fumare
**Rechnung** conto
**Recht** diritto
**Rechtsanwalt** avvocato
**regelmäßig** regolarmente
**Regen** pioggia
**es regnet** piove
**reich** ricco
**Reihe** fila
**rein** puro
**Reinigung** lavaggio a secco
**Reis** riso
**Reise** viaggio
**Reisebüro** agenzia viaggio
**reisen** viaggiare
**reparieren** riparare
**reservieren** riservare
**Restaurant** ristorante, *m*
**retten** salvare
**Rezept** ricetta
**Richter** giudice, *m*
**Richtung** direzione, *w*
**Rind** manzo
**Rindfleisch** carne di manzo, *w*
**Ring** anello
**ringsherum** intorno
**Rippe** costola
**Rock** gonna
**Rose** rosa
**Rückkehr** ritorno
**Rucksack** zaino
**Ruder** remo
**rufen** chiamare
**ruhig** tranquillo

## S

**Sache** cosa
**Sack** sacco
**sagen** dire, *x*
**Salat** insalata
**Salbei** salvia
**Salz** sale, *m*
**sammeln** raccogliere, *x*
**Sand** sabbia
**Sandalen** sandali, *m/pl*
**sauber** pulito
**Säuberung** pulizia
**Säule** colonna
**schade** peccato
**Schaf** pecora
**Schaffner** controllore, *m*
**Schallplatte** disco
**Schalter** sportello
**Schatten** ombra
**schauen** guardare
**Schaufenster** vetrina
**Schaum** schiuma
**Schauspieler** attore, *m*
**Scheinwerfer** faro
**schenken** regalare
**schicken** mandare
**Schicksal** destino
**Schiff** nave, *w*
**Schiffsdeck** ponte, *m*
**Schlaf** sonno
**schlafen** dormire
**schlau** furbo
**schlecht** cattivo
**schließen** chiudere, *x*
**Schlüssel** chiave, *w*
**Schmerz** dolore, *m*
**Schmuck** gioielli, *m/pl*
**Schnee** neve, *w*
**schneiden** tagliare
**schnell** veloce
**schon** già
**schön** bello
**schreiben** scrivere, *x*
**schreien** gridare
**Schrift** scrittura
**Schritt** passo
**Schuh** scarpa
**Schule** scuola
**Schüler(in)** scolaro, -a
**Schüssel** scodella
**Schwäche** debolezza
**Schwein**
porco, maiale, *m*
**Schweinefleisch**
carne di maiale
**Schweiz** Svizzera
**Schweizer** svizzero
**schweizerisch** svizzero
**schwer** pesante
**Schwester** sorella
**Schwiegermutter**
suocera
**Schwiegersohn** genero
**Schwiegertochter** nuora
**Schwiegervater** suocero
**schwierig** difficile
**Schwierigkeit** difficoltà
**schwimmen** nuotare
**schwitzen** sudare
**See** lago
**Seeigel** stella marina
**Seele** anima
**Seemann** marinaio
**Segel** vela
**sehen** vedere, *x*
**sehr** molto
**Seife** sapone, *m*
**sein** essere, *x*
**seit** da; fin da
**Seite** pagina *(Buch)*; lato
**Seitenstraße**
strada laterale
**Sekunde** secondo
**selber/selbst** stesso
**Senf** senape, *m*
**setzen** mettere
(a sedere), *x*;
fare sedere, *x*
**setzen, sich** sedersi
**sicherlich** sicuramente
**Silber** argento
**silbern** d'argento
**singen** cantare
**Sitz(platz)** posto
**sitzen** sedere, *x*
**so** così
**sobald** appena
**Soda** soda

**sofort** subito
**Sohn** figlio
**Sommer** estate, *m*
**sondern** ma
**Sonne** sole, *m*
**Soße** sugo *(Pasta)*; salsa
**sowohl … als auch** tanto … quanto
**spät** tardi
**Speisekarte** menù, *m*
**spendieren** offrire, *x*
**Spiegel** specchio
**Spitze** punta
**sprechen** parlare
**Staat** Stato
**staatlich** statale
**Stadt** città
**stark** forte
**statt** invece di
**stehlen** rubare
**Stein** pietra
**stellen** mettere (in piedi), *x*
**Stern** stella
**Stickerei** ricamo
**Stock** bastone, *m*
**Stockwerk** piano
**Stoff** stoffa
**Strafe** castigo
**Strand** spiaggia
**Straße** strada
**Straßenbahn** tram, *m*
**Streichholz** fiammifero
**stricken** fare la maglia, *x*
**Strohhalm** cannuccia
**Strümpfe** calze, *w/pl*
**Stück** pezzo
**Student** studente, *m*
**Studentin** studentessa
**studieren** studiare
**Stufe** scalino
**Stuhl** sedia
**Sturm** tempesta
**suchen** cercare
**Süden** sud, *m*
**südlich von** al sud di
**Summe** somma
**Superbenzin** super, *m*
**süß** dolce
**Süßigkeit** dolce, *m*
**Swimmingpool** piscina

## T

**Tabak** tabacco
**Tablett** vassoio
**Tag** giorno
**täglich** ogni giorno
**Tankstelle** distributore, *m*
**Tante** zia
**Tanz** ballo
**tanzen** ballare
**Taschentuch** fazzoletto
**Tasse** tazza
**Tat** fatto
**tatsächlich** effettivamente
**taub** sordo
**Taube** piccione, *m*
**tauchen** tuffare
**Taxi** taxi, tassì, *m*
**Taxifahrer** tassista, *m*
**Tee** tè, *m*
**Teil** parte, *w*
**Telefon** telefono
**Telefongespräch** telefonata
**telefonieren** telefonare
**Telegramm** telegramma, *m*
**Teller** piatto
**Tempel** tempio
**Teppich** tappeto
**teuer** caro
**Theater** teatro
**Thunfisch** tonno
**tief** profondo
**Tiefe** profondità
**Tier** animale, *m*
**Tisch** tavola
**Tochter** figlia
**Toilette** gabinetto
**Tomate** pomodoro
**Topf** pentola
**Torte** torta
**trennen** separare
**Treppe** scala

**trinken** bere, *x*
**trocken** secco, asciutto
**tun** fare, *x*
**Tür** porta
**Typ** tipo

## U

**überall** dappertutto
**übermorgen** dopodomani
**übersetzen** tradurre, *x*
**Uhr** orologio
**um zu** per
**umgekehrt** inverso, opposto
**und** e
**Unfall** incidente, *m*
**ungerecht** ingiusto
**Universität** università
**unmöglich** impossibile
**unten** giù
**unterbrechen** interrompere, *x*
**Unterricht** insegnamento
**unterrichten** insegnare
**unterschiedlich** diverso
**Untertasse** piattino
**Urlaub** vacanze, *w/pl*

## V

**Vater** padre, *m*
**verbieten** vietare
**verderben** andare a male, *x*
**verdienen** guadagnare
**vergessen** dimenticare
**vergiften** avvelenare
**verheiratet** sposato
**verkaufen** vendere
**Verkehr** traffico
**verlieren** perdere, *x*
**vermieten** affittare
**verschieden** diverso
**verschwitzt** sudato
**verspäten, sich** fare tardi, *x*
**Verstand** ragione, *w*
**verstehen** capire
**versuchen** provare
**Verwandte** parenti, *m/pl*
**viel** molto
**vielleicht** forse
**Volk** popolo
**volkstümlich** popolare
**voll** pieno
**von** di
**vor** *(örtl.)* davanti a ; *(zeitl.)* prima di
**vor allem** prima di tutto
**vorbeikommen** passare
**vorbereiten** preparare
**vorgestern** ieri l'altro
**voriges Jahr** l'anno scorso
**vorn** davanti
**Vorsicht** attenzione, *w*
**Vorspeise** antipasto
**Vortrag** conferenza

## W

**Wachs** cera
**Wagen** macchina
**Waggon** vagone, *m*
**während** durante, mentre
**Wahrheit** verità
**Wald** bosco *(klein)*; foresta *(groß)*
**wann** quando
**warm** caldo
**Wärme** caldo, calore, *m*
**warten** aspettare
**warum** perché
**was** che (cosa)
**Waschbecken** lavabo
**waschen** lavare
**Wasser** acqua
**Wasserski** sci nautico, *m*
**Wasserfall** cascata
**Wasserhahn** rubinetto
**Wassermelone** anguria
**wechseln** cambiare

**wecken** svegliare
**weder ... noch** nè ... nè
**Weg** sentiero
**wegen** a causa di, per
**wegfahren** partire
**weich** molle, morbido
**Weihnachten** natale, *m*
**weil** perché
**Wein** vino
**weinen** piangere, *x*
**Weinhandlung** enoteca
**Weintraube** uva
**weit** lontano
**Welle** onda
**Welt** mondo
**wenig** poco
**wenige** pochi, poche
**wenn** se
**wer** chi
**werden** diventare
**werfen** gettare; buttare
**Werkstatt** officina
**Westen** ovest, *m*
**westlich von** all'ovest di
**Wetter** tempo
**wichtig** importante
**wie** come
**wieder** di nuovo
**wieviel** quanto
**wild** selvaggio
**Wind** vento
**Windstille** calma
**Winter** inverno
**wissen** sapere, *x*
**Wissen** sapere, *m*
**woanders** altrove
**Woche** settimana
**woher** di dove
**wohlschmeckend** gustoso
**wohnen** abitare
**Wolke** nuvola
**wollen** volere, *x*
**Wort** parola
**wunderbar** meraviglioso
**Wurst** salsiccia
**Wüste** deserto

## Z

**Zahl** numero
**zahlen** pagare
**Zähler** contatore, *m*
**Zahn** dente, *m*
**Zahnarzt** dentista, *m*
**Zeit** tempo
**zerbrechen** rompere, *x*
**Zug** treno

## A

**a** an; nach
**a causa di** wegen
**a memoria** auswendig
**a mezzogiorno** mittags
**a posto** in Ordnung
**a sinistra** links
**abbeverare** tränken
**abbigliamento** Kleidung
**abitare** wohnen
**abito** Kleid; Anzug
**accanto a** neben
**aceto** Essig
**acqua** Wasser
**acqua minerale** Mineralwasser
**adesso** jetzt
**adulto** Erwachsener
**aereo** Flugzeug
**aeroporto** Flughafen
**affittare** (ver)mieten
**agenzia viaggio** Reisebüro
**aglio** Knoblauch
**agnello** Lammfleisch
**ago da cucire** Nähnadel
**aiutare** helfen
**aiuto** Hilfe
**al nord di** nördlich von
**al sud di** südlich von
**albergo** Hotel
**albero** Baum
**albicocca** Aprikose
**alcuni, alcune** einige
**all'est di** östlich von
**all'ovest di** westlich von
**alla sera** abends
**allontanare** entfernen
**allora** also; damals
**altezza** Höhe
**alto** hoch
**altrettanto** ebenfalls
**altro** anderer
**altrove** woanders
**alzarsi** aufstehen
**amare** lieben
**amico** Freund
**ammobiliato** möbliert
**amore,** *m* Liebe
**anche** auch
**ancora** noch
**andare,** *x* gehen, fahren
**andare a male,** *x* verderben
**andarsene,** *x* aufbrechen
**anello** Ring
**anguria** Wassermelone
**anima** Seele
**animale,** *m* Tier
**anno** Jahr
**antico** antik
**antipasto** Vorspeise
**aperto** offen
**ape,** *w* Biene
**apparecchio** Apparat
**appena** kaum; sobald
**appetito** Appetit
**aprire,** *x* öffnen
**aragosta** Hummer
**arancia** Orange
**aranciata** Orangenlimonade
**archeologia** Archäologie
**argento** Silber
**aria** Luft
**aroma,** *m* Aroma
**arrivare** ankommen
**arrivo** Ankunft
**arrosto** gebraten
**arte,** *w* Kunst
**artista,** *m/w* Künstler(in)
**asciugamano** Handtuch
**asciutto** trocken
**ascoltare** zuhören
**asino** Esel
**aspettare** warten
**attenzione,** *w* Vorsicht
**attore,** *m* Schauspieler
**Austria** Österreich
**austriaco** Österreicher
**autista,** *m* Fahrer
**autobus,** *m* Autobus
**autunno** Herbst
**avere,** *x* haben
**avere bisogno,** *x* brauchen

**avere caldo,** *x* schwitzen
**avere fame,** *x* Hunger haben
**avere freddo,** *x* frieren
**avere paura,** *x* sich fürchten
**avere sete,** *x* Durst haben
**avvelenare** vergiften
**avvocato** Rechtsanwalt

## B

**baciare** küssen
**bagaglio** Gepäck
**bagno** Bad
**balcone,** *m* Balkon
**ballare** tanzen
**ballo** Ball; Tanz
**bambino, -a** Kind
**banca** Bank
**bastone,** *m* Stock
**batteria** Batterie
**bebè,** *m* Baby
**bello** schön
**benzina** Benzin
**bere,** *x* trinken
**biancheria** Bettzeug
**bicchiere,** *m* (Trink-)Glas
**bicicletta** Fahrrad
**biglietto** Fahrkarte, Eintrittskarte
**biondo** blond
**birra** Bier
**bocca** Mund
**bosco** (kleiner) Wald
**bottiglia** Flasche
**braccio** Arm
**breve** kurz *(zeitlich)*
**bruciare** (ver)brennen
**buco** Loch
**bugia** Lüge
**buio** dunkel *(Licht)*
**buttare (via)** (weg)werfen

## C

**cabina** Kabine
**cadere** fallen
**caffè,** *m* Kaffee
**calce,** *w* Kalk
**calcio** Fußball *(Sport)*
**caldo** warm
**caldo** Hitze, Wärme
**calma** Windstille
**calore,** *m* Hitze, Wärme
**calze,** *w/pl* Strümpfe
**cambiare** wechseln; ändern
**cameriere,** *m* Kellner
**camicetta** Bluse
**camminare** gehen, wandern
**camomilla** Kamille
**candela** Kerze
**cane,** *m* Hund
**canna da pesca** Angel
**cannuccia** Strohhalm
**cantare** singen
**canzone,** *w* Lied
**capelli,** *m/pl* Haare
**capire** verstehen
**capitano** Kapitän
**capo** Chef
**cappello** Hut
**cappotto** Mantel
**caraffa** Karaffe
**caramella** Bonbon
**carciofo** Artischocke
**carne,** *w* Fleisch
**carne di maiale** Schweinfleisch
**carne di manzo** Rindfleisch
**caro** lieb; teuer
**carta** Karte; Papier
**carta d'identità** Personalausweis
**casa** Haus
**casalinga** Hausfrau
**cascata** Wasserfall
**cassa** Kasse
**cassetta postale** Briefkasten
**cassiere, -a** Kassierer(in)
**castigo** Strafe

**cattivo** schlecht
**cavallo** Pferd
**cavolo** Kohl
**celebrazione** Feier
**centro** Mitte, Zentrum
**cera** Wachs
**cercare** suchen
**cerchio** Kreis
**cervello** Gehirn
**cetriolo** Gurke
**che** dass
**che (cosa)** was
**chi** wer
**chiacchierare** plaudern
**chiamare** (an)rufen; nennen
**chiaro** hell
**chiave,** *w* Schlüssel
**chiesa** Kirche
**chilometro** Kilometer
**chiosco** Kiosk
**chiudere,** *x* schließen
**chiuso** geschlossen
**cibo** Essen
**cielo** Himmel
**cima** Gipfel
**cinema,** *m* Kino
**cioè** nämlich
**città** Stadt
**cittadino** Bürger
**colazione,** *w* Frühstück
**collina** Hügel
**collo** Hals
**colonna** Säule
**colorato** farbig
**colore,** *m* Farbe
**coltello** Messer
**come** wie
**cominciare** anfangen
**compatriota,** *m* Landsmann
**compleanno** Geburtstag
**compra** Kauf
**comprare** kaufen
**con** mit
**conchiglia** Muschel
**conferenza** Vortrag
**coniglio** Kaninchen
**conoscere,** *x* kennen
**conosciuto** bekannt
**consultorio** Arztpraxis
**contadino** Bauer
**contatore,** *m* Zähler
**continuamente** dauernd
**conto** Rechnung
**controllare** kontrollieren
**controllo** Kontrolle
**controllore,** *m* Kontrolleur
**convento** Kloster
**conversazione,** *w* Gespräch
**coperta** Decke
**coppia** (Ehe-)Paar
**coraggio** Mut
**corpo** Körper
**correre,** *x* laufen
**cortile,** *m* Innenhof
**corto** kurz
**cosa** Sache
**così** so
**costare** kosten
**costola** Rippe
**costoletta** Kotelett
**costruire** bauen
**costume,** *m* Kostüm
**costume da bagno,** *m* Badeanzug
**cotto** gekocht
**credere** glauben
**cucchiaio** Löffel
**cucina** Küche
**cucinare** kochen
**cugino, -a** Cousin(e)
**cuoco** Koch
**cuoio** Leder
**cuore,** *m* Herz
**curare** heilen
**cuscino** Kissen

## D

**d'accordo** einverstanden
**d'argento** silbern
**d'improvviso** plötzlich
**d'oro** golden
**da** seit *(zeitl.)*; aus *(örtl.)*
**dappertutto** überall

**dare,** *x* geben
**davanti** vorn
**davanti a** vor *(örtl.)*
**debolezza** Schwäche
**decidere,** *x* beschließen
**dente,** *m* Zahn
**dentista,** *m* Zahnarzt
**dentro** innen, drinnen
**deserto** Wüste
**destino** Schicksal
**di** von; aus
**di cuoio** ledern
**di dove** woher
**di fronte** gegenüber
**di mattina (presto)** (früh) morgens
**di notte** nachts
**di nuovo** wieder
**di pomeriggio** nachmittags
**diaframma,** *m* Blende
**diapositivo** Diapositiv
**dietro** hinten, hinter
**difficile** schwierig
**difficoltà** Schwierigkeit
**dimenticare** vergessen
**Dio** Gott
**direttore,** *m* Direktor
**dire,** *x* sagen
**direzione,** *w* Richtung; Leitung
**dirigere,** *x* lenken
**diritto** gerade; Recht
**disco** Schallplatte
**distante** abgelegen
**distributore** Tankstelle; Automat
**dito** Finger
**diventare** werden
**diverso** verschieden; unterschiedlich
**divertirsi** sich amüsieren
**doccia** Dusche
**dolce** süß
**dolce,** *m* Süßigkeit
**dolore,** *m* Schmerz
**domandare** fragen
**domani** morgen
**donna** Frau
**dopo** nach; danach
**dopodomani** übermorgen
**dormire** schlafen
**dunque** also
**durante** während
**durare** dauern
**duro** hart

## E

**e** und
**eccetto** außer
**economico** billig
**effettivamente** tatsächlich
**enoteca** Weinhandlung
**entrare** eintreten
**entro** innerhalb
**epoca** Epoche
**eroe,** *m* Held
**errore,** *m* Fehler
**esatto** genau
**esistere** existieren
**essere,** *x* sein
**essere vivente,** *m* Lebewesen
**est,** *m* Osten
**estate,** *m* Sommer
**estero** Ausland
**europeo** europäisch

## F

**fabbrica** Fabrik
**faccia** Gesicht
**facile** einfach
**fagioli,** *m/pl* Bohnen
**fame,** *w* Hunger
**famiglia** Familie
**fare,** *x* machen, tun
**fare un bagno,** *x* baden
**fare la barba,** *x* rasieren
**fare la maglia,** *x* stricken
**fare tardi,** *x* sich verspäten
**farmacia** Apotheke
**faro** Scheinwerfer

**fatto** Tat
**fazzoletto** Taschentuch
**febbre,** *w* Fieber
**fegato** Leber
**fermare** anhalten
**fermata** Haltestelle
**ferro** Eisen
**ferro da stiro** Bügeleisen
**ferrovia** Eisenbahn
**festa** Feier
**festeggiare** feiern
**fiammifero** Streichholz
**fico** Feige
**figlia** Tochter
**figlio** Sohn
**figura** Gestalt
**fila** Reihe
**film,** *m* Film
**filmare** filmen
**filtro** Filter
**fin da** seit
**finalmente** endlich
**finestra** Fenster
**fine,** *w* Ende
**finire** aufhören, beenden
**fino** fein, dünn
**fino a** bis
**fiore,** *m* Blume
**fiume,** *m* Fluss
**foglia** Blatt *(Baum)*
**foglio** Blatt*(Papier)*
**forchetta** Gabel
**foresta** (großer) Wald
**forma** Gestalt
**formaggio** Käse
**forno** Herd
**foro** Loch; Öffnung
**forse** vielleicht
**forte** stark
**fortuna** Glück
**forza** Kraft
**fotografare** fotografieren
**foto(grafia)** Fotografie
**fotografo** Fotograf
**fra** in *(zeitlich)*; innerhalb
**fragola** Erdbeere
**francese** französisch; Franzose
**francobollo** Briefmarken
**fratello** Bruder
**frattanto** inzwischen
**freddo** kalt
**freno** Bremse
**fresco** frisch; Kühle
**frigorifero** Kühlschrank
**frontiera** Grenze
**frutta** Obst
**frutto** Frucht
**fulmine,** *m* Blitz
**fumare** rauchen
**fumo** Rauch
**funzionare** funktionieren
**fuoco** Feuer
**fuori** außen; außerhalb
**furbo** schlau

## G

**gabbiano** Möwe
**gabinetto** Toilette
**gallina** Huhn
**gas,** *m* Gas
**gasolio** Diesel
**gelato** (Speise-)Eis
**generale** allgemein
**genero** Schwiegersohn
**genitori,** *m/pl* Eltern
**gente,** *w/sg* Leute
**gentile** freundlich
**Germania** Deutschland
**gettare** werfen
**già** schon
**giacca** Jacke
**giardino** Garten
**gioielli,** *m/pl* Schmuck
**giorno** Tag
**giovanotto** junger Mann
**giro** Ausflug
**giù** unten
**giudice,** *m* Richter
**giusto** gerecht
**gola** Hals
**gomma** Autoreifen
**gonna** Rock
**grado** Grad
**grande** groß
**grasso** dick, fett
**gridare** schreien
**guadagnare** verdienen

**guardare** schauen
**guerra** Krieg
**guidare** lenken; führen
**gusto** Geschmack
**gustoso** wohlschmeckend

## I

**idea** Idee
**ieri (l'altro)** (vor)gestern
**imbarco** Einschiffung
**imparare** lernen
**impiegato** Angestellter
**importante** wichtig
**impossibile** unmöglich
**in** in
**in giù** hinunter
**in qualche luogo** irgendwo
**in sù** hinauf
**incidente,** *m* Unfall
**indirizzo** Adresse
**indossare** anziehen
**informazione** Auskunft
**ingiusto** ungerecht
**inizio** Anfang
**insalata** Salat
**insegnare** unterrichten
**intanto** inzwischen
**interessare** interessieren
**interno** Inland
**intero** ganz
**interrompere,** *x* unterbrechen
**intorno** ringsherum
**invecchiare** altern
**invece di** statt
**inverno** Winter
**inverso** umgekehrt
**invitare** einladen
**isola** Insel
**isolato** abgelegen, entlegen

## L

**ladro** Dieb
**lago** See
**lampada** Lampe
**largo** breit
**lasciare** lassen
**lato** Seite
**latte,** *m* Milch
**lavabo** Waschbecken
**lavaggio a secco** Reinigung
**lavare** waschen
**lavorare** arbeiten
**lavoro (manuale)** (Hand-)Arbeit
**legare** binden
**leggere,** *x* lesen
**leggero** leicht *(Gewicht)*
**legno** Holz
**lento** langsam
**lenzuolo** Laken
**leone,** *m* Löwe
**lepre,** *w* Hase
**lettera** Brief; Buchstabe
**letto** Bett
**lì / là** dort
**liberare** befreien
**libero** frei
**libertà** Freiheit
**libro** Buch
**lilla** lila
**linea** Linie
**liscio** glatt; ohne Eis *(Getränk)*
**litro** Liter
**livello d'olio** Ölstand
**locale** lokal, örtlich
**logico** logisch
**lontano** weit
**lottare** kämpfen
**luce,** *w* Licht
**luna** Mond
**lunghezza** Länge
**lungo** lang
**luogo** Ort

## M

**ma** aber; sondern
**macchina** Auto; Maschine
**madre,** *w* Mutter
**maestro** Meister
**magro** mager
**mai** nie
**maiale,** *m* Schwein
**mal di testa,** *m* Kopfschmerzen
**malato** krank
**malattia** Krankheit
**mancare** fehlen
**mandare** schicken
**mangiare** essen
**mano,** *w* Hand
**manzo** Rind
**mare,** *m* Meer
**marinaio** Seemann
**marito** Gatte
**marmo** Marmor
**materasso** Matratze
**matita** Bleistift
**matrimonio** Ehe
**medicamento** Medikament
**medico** Arzt
**medusa** Qualle
**meglio** besser
**mela** Apfel
**melanzana** Aubergine
**mentre** während *(mit Verb)*
**menù,** *m* Speisekarte
**meraviglioso** wunderbar
**mercato** Markt
**mese,** *m* Monat
**metà** Mitte
**mettere,** *x* setzen, stellen, legen
**mezzanotte,** *w* Mitternacht
**mezzo** halb
**mezzogiorno** Mittag
**miele,** *m* Honig
**minuto** Minute
**misura** Maß
**misurare** messen
**mobili,** *m/pl* Möbel
**moderno** modern
**modo** Art, Weise
**moglie,** *w* Ehefrau
**molle** weich
**molto** sehr, viel
**momento** Augenblick
**monaca** Nonne
**monaco** Mönch
**mondo** Welt
**moneta** Münze
**monte,** *m* Berg
**monumento** Denkmal
**morbido** weich
**mosca** Fliege
**motivo** Grund
**motocicletta** Motorrad
**museo** Museum
**musica** Musik
**musicista,** *m* Musiker

## N

**nascita** Geburt
**naso** Nase
**natale,** *m* Weihnachten
**natura** Natur
**naturale/naturalmente** natürlich
**nave,** *w* Schiff
**nè ... nè** weder ... noch
**negativa** Negativ
**negozio** Geschäft, Laden
**nervo** Nerv
**nessuno** niemand
**neve,** *w* Schnee
**niente** nichts
**nipote,** *m/w* Neffe/Nichte; Enkel(in)
**no** nein
**nome,** *m* Name
**non** nicht
**nonna** Großmutter
**nonno** Großvater
**nord,** *m* Norden
**nostalgia** Heimweh
**notte,** *w* Nacht
**nozze,** *w/pl* Hochzeit

**numero** Zahl
**nuora** Schwiegertochter
**nuotare** schwimmen
**nuovo** neu
**nuvola** Wolke

## O

**o** oder
**o ... o** entweder ... oder
**occhio** Auge
**occorrere,** *x* nötig sein
**occupato** besetzt
**officina** Werkstatt
**offrire,** *x* anbieten
**oggi** heute
**ogni giorno** täglich
**ognuno** jeder
**olio** Öl
**oliva** Olive
**ombra** Schatten
**onda** Welle
**opaco** matt
**operaio, -a** Arbeiter(in)
**opinione,** *w* Meinung
**opposto** umgekehrt
**ora** jetzt
**orario** Fahrplan
**ordinare** bestellen
**ordinazione** Bestellung
**orecchio** Ohr
**oro** Gold
**orologio** Uhr
**oscurità** Dunkelheit
**ospedale,** *m* Krankenhaus
**ospitale** gastfreundlich
**ospite,** *m* Gast
**osso** Knochen
**ovest,** *m* Westen

## P

**padre,** *m* Vater
**padrone di casa,** *m* Hausherr
**paese,** *m* Land; Dorf
**pagare** (be)zahlen
**pagina** Seite *(Buch)*
**pallido** blass
**pallone,** *m* Fußball
**palcoscenico** Bühne
**pane,** *m* Brot
**panetteria** Bäckerei
**pantaloni,** *pl* Hose
**parcheggio** Parkplatz
**parenti,** *m/pl* Verwandte
**parere,** *x* aussehen
**parlare** sprechen
**parola** Wort
**parrucchiere** Friseur
**partenza** Abfahrt, Abreise
**parte,** *w* Teil
**particulare** besonders
**partire** abfahren, wegfahren
**partorire** gebären
**pasqua** Ostern
**passante,** *m/w* Passant(in)
**passaporto** Pass
**passare** vorbeikommen
**passeggero** Passagier
**passo** Schritt
**patata** Kartoffel
**patria** Heimat
**pausa** Pause
**pavimento** Fußboden
**peccato** schade
**pecora** Schaf
**pedaggio** Maut
**pelle,** *w* Haut; Leder
**pellicola (a colori)** (Farb-)Film
**penna a sfera** Kugelschreiber
**pensare** denken
**pentecoste,** *w* Pfingsten
**pentola** Topf
**pepe,** *m* Pfeffer
**per** für; wegen; um zu
**per favore** bitte
**pera** Birne
**perché** warum; weil
**perdere,** *x* verlieren
**pericolo** Gefahr

**permesso** Erlaubnis
**permettere,** *x* erlauben
**persona** Person
**personale** persönlich
**pesante** schwer
**pesca** Pfirsich
**pescare** fischen
**pescatore,** *m* Fischer
**pesce,** *m* Fisch
**peso** Gewicht
**petto** Brust
**pezzo** Stück
**piacere** gefallen; schmecken
**piacere,** *m* Freude
**piangere,** *x* weinen
**piano** leise; Stockwerk
**pianura** Ebene
**piattino** Untertasse
**piatto** Teller
**piazza** Platz *(Stadt)*
**piccione,** *m* Taube
**piccolo** klein
**piede,** *m* Fuß
**pieno** voll
**pietra** Stein
**pillola** Pille
**pino selvatico** Kiefer
**pioggia** Regen
**piove** es regnet
**piscina** Swimmingpool
**più** mehr
**piuttosto** lieber
**pochi, poche** wenige
**poco** wenig
**poi** dann
**polizia** Polizei
**poliziotto** Polizist
**pollo** Hühnchen
**pomeriggio** Nachmitag
**pomodoro** Tomate
**ponte,** *m* Brücke; Schiffsdeck
**popolare** volkstümlich
**popolo** Volk
**porco** Schwein
**porta** Tür
**portare** bringen
**porto** Hafen
**porzione,** *w* Portion
**possibile** möglich
**posta (aerea)** (Luft-)Post
**posto** Ort; (Sitz-)Platz
**potere,** *x* können
**povero** arm
**preciso** genau
**pregare** bitten
**prego** bitte
**prendere,** *x* nehmen
**preparare** vorbereiten
**preservativo** Kondom
**pressione,** *w* Blutdruck
**presto** früh
**prezzemolo** Petersilie
**prezzo** Preis
**prigione,** *w* Gefängnis
**prima** zuerst; früher
**prima di** vor *(zeitlich)*
**prima di tutto** vor allem
**primavera** Frühling
**primo** erster
**principale** hauptsächlich
**problema,** *m* Problem
**professore,** *m* Lehrer
**professoressa** Lehrerin
**profilattico** Kondom
**profondità** Tiefe
**profondo** tief
**programma,** *m* Programm
**pronto** fertig
**provare** versuchen; prüfen
**prugna** Pflaume
**pubblico** öffentlich
**pulito** sauber
**pulizia** Säuberung
**punta** Spitze
**puro** pur; rein
**purtroppo** leider

## Q

**quadro** Bild
**qualche volta** manchmal
**qualcosa** etwas
**quando** wann
**quanto** wieviel

**qui** hier
**qui accanto** nebenan

## R

**raccogliere,** *x* sammeln
**raffreddarsi** sich erkälten
**ragazza** Mädchen
**ragazzo** Junge
**ragione,** *w* Verstand
**rallegrarsi** sich freuen
**regalare** schenken
**regalo** Geschenk
**regione,** *w* Gegend
**regolarmente** regelmäßig
**remo** Ruder
**rene,** *m* Niere
**respirare** atmen
**restare** bleiben
**ricamo** Stickerei
**ricco** reich
**ricetta** Rezept
**ricevere** bekommen
**ricevuta** Quittung
**ricordarsi (di)** sich erinnern (an)
**ridere,** *x* lachen
**riempire** füllen
**rinfrescare** kühlen
**rinfresco** Erfrischung
**ringraziare** danken
**riparare** reparieren
**riscaldare** erhitzen
**riservare** buchen, reservieren
**riso** Reis
**risolvere,** *x* lösen
**risplendere** leuchten
**rispondere,** *x* antworten
**risposta** Antwort
**ristorante,** *m* Restaurant
**ritorno** Rückkehr
**roccia** Felsen
**rompere,** *x* (zer)brechen
**rosa** Rose
**rubare** stehlen
**rubinetto** Wasserhahn
**rumoroso** laut

## S

**sabbia** Sand
**sacco** Sack
**sale,** *m* Salz
**salone,** *m* (Friseur-)Salon
**salsa** Soße
**salsiccia** Wurst
**salutare** grüßen
**salute,** *w* Gesundheit
**saluto** Gruß
**salvare** retten
**salvia** Salbei
**sandali,** *m/pl* Sandalen
**sanguinare** bluten
**sano** gesund
**santo** heilig
**sapere,** *m* Wissen
**sapere,** *x* wissen
**sapone,** *m* Seife
**sbaglio** Fehler
**scala** Treppe
**scalino** Stufe
**scarico** Abfluss
**scarpa** Schuh
**scemo** dumm
**scendere,** *x* hinuntergehen
**schiuma** Schaum
**sci nautico,** *m* Wasserski
**scodella** Schüssel
**scoglio** Klippe
**scolaro, -a** Schüler(in)
**scrittura** Schrift
**scrivere,** *x* schreiben
**scuola** Schule
**scuro** dunkel (Farbe)
**scusare** entschuldigen
**sdraiarsi** sich hinlegen
**se** wenn, ob
**secco** trocken
**secondo** Sekunde
**sedere,** *x* sitzen, setzen
**sedia** Stuhl
**segreto** Geheimnis;

geheim
**seguente** folgende(r)
**seguire** folgen
**selvaggio** wild
**semaforo** Ampel
**semplice** einfach
**sempre** immer
**senape,** *m* Senf
**sentiero** Weg
**sentire** hören; fühlen
**senza** ohne
**separare** trennen
**sera** Abend
**serio** ernst
**settimana** Woche
**sì** ja
**sicuramente** sicherlich
**signora** Dame, Frau
**signore,** *m* Herr
**signorina** Fräulein
**simile** ähnlich
**società** Gesellschaft
**soda** Soda
**soffiare** blasen
**soffrire,** *x* leiden
**soldi,** *m/pl* Geld
**sole,** *m* Sonne
**solo** allein, einsam
**soluzione,** *w* Lösung
**somma** Summe
**sonno** Schlaf
**sordo** taub
**sorella** Schwester
**sorgente,** *w* Quelle
**sorridere,** *x* lächeln
**sottile** fein, dünn
**spazio** Platz *(Raum)*
**spazzola** Bürste
**specchio** Spiegel
**speranza** Hoffnung
**sperare** hoffen
**spese,** *w/pl* Einkäufe; Ausgaben
**spesso** oft
**spiaggia** Strand
**spiccioli,** *m/pl* Kleingeld
**splendere** glänzen
**splendido** glänzend
**spogliarsi** sich ausziehen
**sportello** Schalter
**sposa** Braut
**sposato** verheiratet
**sposo** Bräutigam
**spuntino** Imbiss
**squadra** Mannschaft
**stagione,** *w* Jahreszeit
**stampe,** *w/pl* Drucksache
**stare** sein, sich befinden
**stare attento** aufpassen
**stasera** heute abend
**statale** staatlich
**Stato** Staat
**stazione,** *w* Bahnhof; Station
**stella** Stern
**stella marina** Seeigel
**stendere,** *x* ausbreiten
**stesso** selbst, selber
**stirare** bügeln
**stoffa** Stoff
**stomaco** Magen
**strada (laterale)** (Seiten-)Straße
**straniero, -a** Fremde(r)
**stretto** eng, schmal
**studente,** *m* Student
**studentessa** Studentin
**studiare** studieren
**su** auf; oben
**subito** sofort
**sudare** schwitzen
**sudato** verschwitzt
**sud,** *m* Süden
**sufficiente** genügend
**sugo** Soße *(Pasta)*
**suocera** Schwiegermutter
**suocero** Schwiegervater
**super,** *m* Superbenzin
**svegliare** wecken
**svegliarsi** aufwachen
**sviluppare** entwickeln
**Svizzera** Schweiz
**svizzero** Schweizer; schweizerisch

## T

**tabacco** Tabak
**tagliare** schneiden
**tanto ... quanto** sowohl ... als auch
**tappeto** Teppich
**tardi** spät
**tassista,** *m* Taxifahrer
**tavola** Tisch
**tassì, taxi,** *m* Taxi
**tazza** Tasse
**teatro** Theater
**tedesco** deutsch; Deutscher
**telefonare** telefonieren, anrufen
**telefonata** Telefongespräch
**telefono** Telefon
**telegrafare** telegrafieren
**telegramma,** *m* Telegramm
**tè,** *m* Tee
**tempesta** Sturm
**tempio** Tempel
**tempo** Zeit; Wetter
**tenere,** *x* (be-, ein-)halten
**terapia** Behandlung
**terra** Erde
**terremoto** Erdbeben
**testa** Kopf
**tipo** Typ
**toccare** anfassen, berühren
**tonno** Thunfisch
**torta** Kuchen, Torte
**tosse,** *w* Husten
**tradurre,** *x* übersetzen
**traffico** Verkehr
**traghetto** Fähre
**tram,** *m* Straßenbahn
**tranquillo** ruhig
**trasparente** durchsichtig
**treno** Zug
**trovare** finden
**tuffare** tauchen
**tutti** alle
**tutto** ganz

## U

**ufficio** Büro
**uguale** gleich
**ultimo, -a** letzte(r)
**umano** menschlich
**umore,** *m* Laune
**una volta** einmal; einst
**università** Universität
**uomo** Mensch; Mann
**uovo** Ei
**uscita** Ausgang
**uva** Weintraube

## V

**vacanze,** *w/pl* Urlaub, Ferien
**vagabondo** Landstreicher
**vagone,** *m* Waggon
**valigia** Koffer
**vassoio** Tablett
**vecchio** alt
**vecchio, -a** Greis(in)
**vedere,** *x* sehen
**vela** Segel
**veleno** Gift
**veloce** schnell
**vendere** verkaufen
**venire,** *x* kommen
**vento** Wind
**verdura** Gemüse
**verità** Wahrheit
**vescovo** Bischof
**vestiti** Kleidung
**vestito** Kleid
**vetrina** Schaufenster
**viaggiare** reisen
**viaggio** Reise, Fahrt
**viale,** *m* Allee
**vicino** nahe
**vietare** verbieten
**villaggio** Dorf
**vincere** gewinnen
**vincita** Gewinn
**vino** Wein

**viso** Gesicht
**vita** Leben
**vitello** Kalb
**vivere,** *x* leben
**vivo** lebendig
**volere,** *x* wollen
**volpe,** *w* Fuchs
**volta** Mal

## Y & Z

**yogur,** *m* Joghurt
**zaino** Rucksack
**zanzara** Mücke
**zia** Tante
**zio** Onkel

# Unregelmäßige Partizipformen

Das Partizip Perfekt (siehe Seite 29), das man zur Bildung des Perfekts (z. B. ich habe gekauft - **ho comprato**) benötigt, ist oft unregelmäßig. Auf dieser Seite sind einige wichtige unregelmäßige Formen zusammengestellt:

| | | |
|---|---|---|
| aprire | **aperto** | öffnen |
| bere | **bevuto** | trinken |
| chiudere | **chiuso** | schließen |
| decidere | **deciso** | entscheiden |
| essere | **stato** | sein |
| fare | **fatto** | machen, tun |
| interrompere | **interrotto** | unterbrechen |
| leggere | **letto** | lesen |
| mettere | **messo** | setzen, stellen, legen |
| perdere | **perso** | verlieren |
| permettere | **permesso** | erlauben |
| piangere | **pianto** | weinen |
| prendere | **preso** | nehmen |
| raccogliere | **raccolto** | (ein-)sammeln |
| ridere | **riso** | lachen |
| risolvere | **risolto** | lösen |
| rispondere | **risposto** | antworten |
| rompere | **rotto** | (zer-)brechen |
| scendere | **sceso** | aussteigen |
| scrivere | **scritto** | schreiben |
| soffrire | **sofferto** | leiden |
| sorridere | **sorriso** | lächeln |
| tradurre | **tradotto** | übersetzen |
| vincere | **vinto** | gewinnen |
| vivere | **vissuto** | leben |

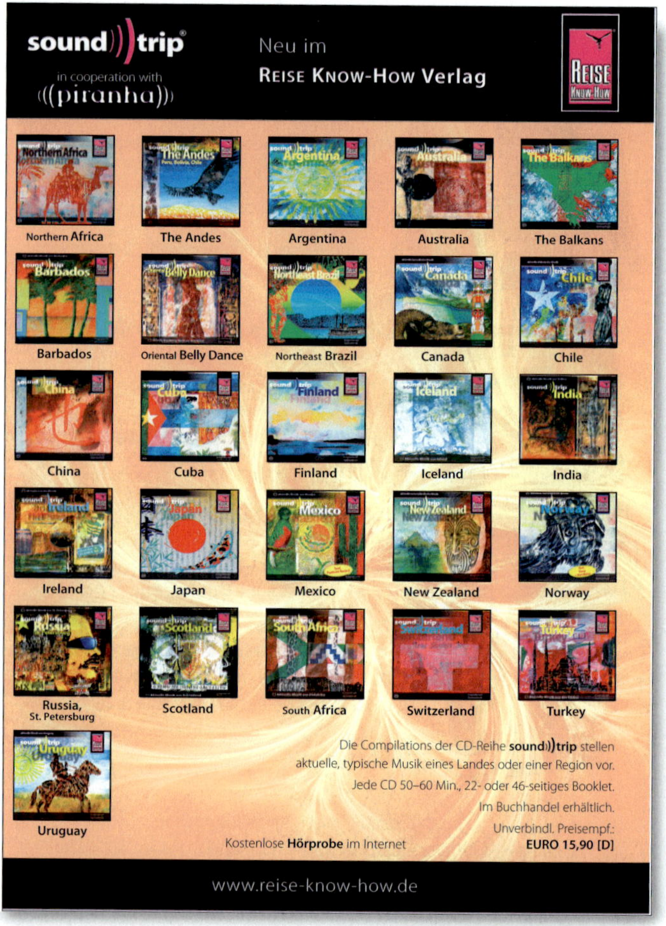
sound))trip®
in cooperation with
(((piranha)))
Neu im
Reise Know-How Verlag
Reise Know-How
Northern Africa
The Andes
Argentina
Australia
The Balkans
Barbados
Oriental Belly Dance
Northeast Brazil
Canada
Chile
China
Cuba
Finland
Iceland
India
Ireland
Japan
Mexico
New Zealand
Norway
Russia, St. Petersburg
Scotland
South Africa
Switzerland
Turkey
Uruguay
Die Compilations der CD-Reihe sound))trip stellen aktuelle, typische Musik eines Landes oder einer Region vor.
Jede CD 50–60 Min., 22- oder 46-seitiges Booklet.
Im Buchhandel erhältlich.
Unverbindl. Preisempf.:
EURO 15,90 [D]
Kostenlose Hörprobe im Internet
www.reise-know-how.de

Italienisch lernen ohne Stress!
Der Kauderwelsch AusspracheTrainer macht die wichtigsten Sätze und Redewendungen aus dem Konversationsteil dieses Kauderwelsch-Buches (gekennzeichnet mit ) auf Audio-CD hörbar.
Aufbau des Kauderwelsch AusspracheTrainers:
● zuerst wird der deutsche Satz gesprochen,
● dann die italienische Übersetzung.
● Darauf folgt eine Sprechpause, in der der italienische Satz nachgesprochen und geübt werden kann.
● Zur Kontrolle folgt abschließend noch einmal der italienische Satz.
● Kostenpunkt: € 7,90 [D]
● ISBN 978-3-8317-6004-6
Reise Know-How Verlag, Bielefeld
www.reise-know-how.de

## Ela Strieder

wurde 1962 in Mainz geboren.

Auch ein Vierteljahrhundert nach ihrem ersten Italientrip noch immer von Land, Leuten, Sprache, Kultur und Küche Italiens fasziniert, lebt die Journalistin heute mit ihrer Familie in Braunschweig und versucht, mindestens einmal im Jahr ihre Italien-Sehnsucht mit einer Reise zu stillen. Wenn gerade kein Urlaub ist, helfen Kurse am Spracheninstitut der TU Braunschweig und Exkursionen in die italienische Küche am heimischen Herd über die schlimmsten Entzugssymptome hinweg.

© RGelb, Fotolia.com

**Kauderwelsch**

Michael Blümke

# Italienisch kulinarisch

*Wort für Wort*

© Fototeca ENIT

# Italienisch kulinarisch



## Im Gespräch

## Grammatik



## Anhang

© Fototeca ENIT

# Vorwort

„Gehen wir doch zum Italiener!" – wohl kaum eine andere Küche steht bei uns so hoch im Kurs wie die italienische. Doch auch wenn man hierzulande leicht den Eindruck gewinnen kann, zwischen Bozen und Bari wird hauptsächlich Pizza und Pasta verzehrt, so wartet doch eine Vielzahl von Köstlichkeiten auf entdeckungsfreudige Gaumen, man darf halt nur nicht gar zu unaufgeschlossen Neuem gegenüber sein.

Dass es „die italienische Küche" als solche gar nicht gibt, wird nach der Lektüre des nachfolgenden Kapitels „Das kulinarische Italien" schnell klar, was aber niemand wirklich verwundern wird, der sich einmal die Situation in Deutschland vor Augen führt: Schweinebraten mit Semmelknödel wird für einen Hamburger sicherlich nicht zum normalen Speiseplan gehören, so wie ein Bayer Kasseler mit Grünkohl wahrscheinlich nicht zu seinen Leibgerichten zählt.

Doch ist eines unbestreitbar allen Italienern gemein: die Lust am Genuss, die Hingabe an die sinnliche Seite der Nahrungsaufnahme. Ihnen dabei zur Seite zu stehen, eben diesen Aspekt bei Ihrem Aufenthalt in Italien besser ausleben zu können, ist das eigentliche Anliegen dieses Büchleins.

**Buon appetito – e buon godimento, allora!**

# Hinweise zur Benutzung

Der Kauderwelsch Sprechführer „Italienisch Kulinarisch" besteht im Wesentlichen aus drei Teilen:

**Konversation**

Der erste Teil beinhaltet Informationen über Land und Leute sowie Beispielwörter und -sätze für alltägliche Situationen im Restaurant oder beim Einkaufen. Er soll den Leser mit der Lebensweise und der Sprache der Italiener bezüglich ihrer Ess- und Trinkgewohnheiten vertraut machen und ihm ermöglichen, sich so schnell und einfach wie möglich in Italiens kulinarischer Umgebung zurechtzufinden.

**Wort-für-Wort-Übersetzung**

Neben den italienischen Wörtern und Sätzen und ihren deutschen Übersetzungen gibt es eine Lautschrift und eine **Wort-für-Wort-Übersetzung,** die zum Verständnis der fremdsprachlichen Satzstruktur beitragen soll:

| | |
|---|---|
| **Fremdsprache:** | **Cerco un ristorante non troppo caro.** |
| *Lautschrift:* | *tscherko un rißtorante non troppo karo* |
| *Wort für Wort:* | *(ich-)suche ein Restaurant nicht zu-viel teuer* |
| dt. Übersetzung: | Ich suche ein nicht zu teures Restaurant. |

© Fototeca ENIT

Werden in einem Satz mehrere Wörter angegeben, die man austauschen kann, steht ein Schrägstrich dazwischen:

**Che c'è come contorno/dessert?**
*ke tschä kome kontorno/deßär*
*was da'(er/sie-)ist wie Beilage/Dessert*
Was gibt es als Beilage/Nachtisch?

Außerdem werden die folgenden Abkürzungen benutzt:

| | |
|---|---|
| *m* | männlich (maskulin) |
| *w* | weiblich (feminin) |
| *Ez* | Einzahl |
| *Mz* | Mehrzahl |

**Grammatik**

Die **Kurz-Grammatik** beschränkt sich auf das Allernötigste und verzichtet zu Gunsten der Verständigung auf Vollständigkeit.

**Wortlisten**

Der Anhang, bestehend aus einer Wörterliste Deutsch Italienisch und einem Register der italienischen Vokabeln mit den dazugehörigen Seitenzahlen, dient dem Nachschlagen einzelner Wörter.

**Umschlagklappen**

Die **Umschlagklappen** helfen, die wichtigsten Sätze und Wörter so schnell wie möglich parat zu haben.

**Seitenzahlen**
*Um Ihnen den Umgang mit den Zahlen zu erleichtern, wird auf jeder Seite die Seitenzahl auch auf Italienisch angegeben!*

# Aussprache & Betonung

Die richtige Aussprache stellt im Italienischen kein besonderes Problem dar. Etwas gewöhnungsbedürftig sind lediglich das **c** und das **g**. Vor **a, o** und **u** wird **c** wie das deutsche „k“ und **g** wie das deutsche „g“ gesprochen, also:

| | | | |
|---|---|---|---|
| **ca** | in | **carne** | Fleisch |
| **co** | in | **coltello** | Messer |
| **cu** | in | **culinario** | kulinarisch |
| **ga** | in | **pagare** | bezahlen |
| **go** | in | **fungo** | Pilz |
| **gu** | in | **gusto** | Geschmack |

Vor **e** und **i** klingt das **c** wie „tsch“ im Deutschen, das **g** wie „dsch“:

| | | | |
|---|---|---|---|
| **ce** | in | **cena** | Abendessen |
| **ci** | in | **cipolla** | Zwiebel |
| **ge** | in | **gelato** | Eis |
| **g** | in | **giallo** | gelb |

Sollen **c** und **g** auch vor **a, o** oder **u** wie „tsch“ bzw. „dsch“ gesprochen werden, so wird ein – nicht gesprochenes – **i** eingefügt:

| | | | |
|---|---|---|---|
| **cia** | in | **arancia** | Orange |
| **cio** | in | **nocciola** | Haselnuss |
| **ciu** | in | **acciuga** | Sardelle |
| **gia** | in | **mangiare** | essen |

**Kauderwelsch-AusspracheTrainer**

*Falls Sie sich die wichtigsten italienischen Sätze, die in diesem Buch vorkommen, einmal von einem Einheimischen gesprochen anhören möchten, kann Ihnen Ihre Buchhandlung den* ***AusspracheTrainer (Audio-CD)*** *zu diesem Buch besorgen. Sie bekommen ihn auch über unseren Internetshop* ***www.reise-know-how.de*** *Der* ***AusspracheTrainer*** *steht dort auch als* ***MP3-Download*** *zur Verfügung.*

| | | | |
|---|---|---|---|
| **gio** | in | **formaggio** | Käse |
| **giu** | in | **giusto** | richtig |

Sollen hingegen **c** oder **g** auch vor **e** oder **i** wie deutsch „k" oder „g" gesprochen werden, fügt man ein – ebenfalls nicht zu hörendes – **h** ein:

| | | | |
|---|---|---|---|
| **che** | in | **forchetta** | Gabel |
| **chi** | in | **chilo** | Kilo |
| **ghe** | in | **acciughe** | Sardellen |
| **ghi** | in | **funghi** | Pilze |

Ansonsten sind noch folgende Buchstaben(kombinationen) zu beachten:

| | |
|---|---|
| **ai / eu / ie** | immer getrennt gesprochen: **fornaio** (Bäcker), **eucalipto** (Eukalyptus), **miele** (Honig) |
| **gl** | gesprochen wie „lj", in **bottiglia** (Flasche) |
| **gn** | gesprochen wie „nj", in **prugna** (Pflaume) |
| **h** | ist immer stumm, wird also nicht gesprochen, in **ho** (ich habe) |
| **qu** | klingt nicht wie „kw", sondern eher wie „ku", in **quanto** (wie viel) |
| **r** | ist stets ein gerolltes Zungen-„r", in **resto** (Rest) |
| **st** | ist wirklich ein „st" und kein „scht", in **stomaco** (Magen) |
| **v** | gesprochen wie w, in **vino** (Wein) |
| **z** | weicher als im Deutschen, eher wie „ds", in **zuppa** (Suppe) |

Noch ein Wort zur Betonung: Normalerweise liegt die Betonung im Italienischen auf der vorletzten Silbe. Bei Wörtern, die diese Regel durchbrechen, habe ich den zu betonenden Vokal unterstrichen (**tavola** = Tisch). Wörter, deren Hauptton auf der letzten Silbe liegt, tragen ohnehin einen Akzent (**caffè** = Kaffee).

# Das kulinarische Italien

## Die Regionen

Italien ist nicht gleich Italien. Das gilt nicht nur für die geschichtliche und kulturelle Entwicklung, die Mentalität, die Sprache und die Infrastruktur, sondern natürlich auch für die Küche. Und so sehr sich der industrialisierte Norden vom mitunter an ein Dritte-Welt-Land erinnernden Süden unterscheidet, so sehr unterscheiden sich auch die kulinarischen Spezialitäten und Besonderheiten der verschiedenen Regionen. Eine „italienische Küche" im eigentlichen Sinn gibt es gar nicht.

Wer würde beispielsweise auf die Idee kommen, dass nicht wenige Italiener Reis einer **pasta** vorziehen und zum Kochen eher Butter als Olivenöl verwenden? Das glauben Sie nicht? Dann fahren Sie doch mal in den **Piemonte** – wo es die größten Reisfelder Europas gibt – oder in die **Lombardia** – wo der berühmte, mit Safran zubereitete **risotto alla milanese** herkommt! Doch denken die meisten beim Piemont wahrscheinlich noch viel mehr an die weißen Trüffel aus Alba oder die allgegenwärtigen **grissini,** von **Barolo, Barbera** und **Nebbiolo** oder dem Sekt aus **Asti** mal ganz zu schweigen. Und die Lombardei kann immerhin mit **Campari** aufwarten und hat **Gorgonzola** oder **Taleggio** zu bieten.

Wenig verwunderlich sind gewiss die Knödel, der Speck oder der Strudel, die man im

**Alto Adige,** wie Südtirol auf Italienisch heißt, aufgetischt bekommt – zwischen Brenner und Bozen rechnet man halt doch mit der bodenständigen, österreichisch geprägten Küche.

*Hätten Sie gewusst, dass* **Puglia** *die größte Weinbauregion der Welt (wenngleich stärker auf Quantität als auf Qualität ausgerichtet) und gleichzeitig die Kornkammer Italiens ist? Prima, dann war die Investition in dieses Buch nicht vergebens! Ach so, ja, und die* **orecchiette,** *Sie wissen schon, diese komischen Nudeln in Ohrform, sind auch von hier.*

Auch im **Veneto** spielt der Reis eine große Rolle, **risi e bisi** hat dort seinen Ursprung. Aber auch die leckeren **gnocchi** kommen dort her, genauer gesagt aus Verona. Nicht weniger prägend für die venetische Küche ist die **polenta** und der **radicchio.** Von den Weinen sind der **Bardolino,** der **Valpolicella** und der **Soave** Vielen bestens bekannt, und eine Flasche **Prosecco di Valdobbiadene** haben sicher auch die meisten schon einmal geköpft.

Noch weiter östlich, in **Friuli-Venezia Giulia,** wo der **San Daniele**-Schinken seine Heimat hat, mischen sich österreichische, italienische und slowenische Einflüsse, und man stößt dort auf Zutaten wie Kümmel oder Meerrettich, die man im übrigen Italien kaum findet.

Wenn eine Stadt schon den Beinamen **la grassa** (die „Fette") trägt, ahnt man gleich, dass man hier einiges erwarten darf. **Bologna,** die uns neben den **tortellini** auch die **mortadella** geschenkt hat, ist die Hauptstadt einer der esslustigsten Regionen Italiens, der **Emilia-Romagna.** Hier ist alles etwas üppiger als üblich – oder auch nötig –, was sich auch in den hauptsächlich „gefüllten" Pasta-Variationen niederschlägt. Doch damit nicht genug: Auch **Parma** mit ihrem berühmten Schinken und ihrem nicht minder berühmten Käse liegt schließlich in dieser Region.

Einen bescheidenen, dafür aber umso verführerischen Beitrag zur „italienischen" Küche hat **Liguria** mit dem **pesto** geleistet – allein für diese köstliche Sauce aus Basilikum, Olivenöl, Pinienkernen, Knoblauch und Käse muss man die Bewohner lieben. Im übrigen gibt es in **Pontedassio** ein Spaghetti-Museum zu bewundern.

Wie schon im Norden Italiens ist man auch in der **Toscana** nicht wirklich versessen auf **pasta.** Als **primo,** als ersten Gang also, nimmt man hier lieber eine anständige Suppe zu sich. Ansonsten wird der Speiseplan stark von Oliven, Brot und Hülsenfrüchten geprägt. **Chianti** und **Brunello** müssen sicher nicht eigens erwähnt werden.

Oliven spielen auch in den **Marche** eine große Rolle, hier gibt es die großen grünen **ascolane.** Doch darf in einer Region, die den größten Fischereihafen Italiens, **San Benedetto del Tronto,** beherbergt, natürlich auch ein vernünftiger **brodetto** nicht fehlen, zu dem dann der hier angebaute **Verdicchio** vorzüglich passt.

Nicht vergessen seien schließlich die schwarzen Trüffel, die man allerdings auch im benachbarten Umbrien findet, das man durchaus als „Grill-Region" bezeichnen könnte. An den verschiedenen Fleischspießen oder auch der **porchetta,** dem mit Fenchel gefüllten – und auch in den **Marche** sehr geschätzten – Spanferkel, kommt man in **Umbria** eigentlich nicht vorbei.

Scharf wird es in den beiden Regionen **Abruzzo** und **Molise:** Hier finden **peperoncini** großen Absatz – und Einsatz. Und jetzt raten Sie mal, wo die Zubereitungsart **all'arrabbiata** erfunden wurde? Richtig, darauf trinken wir jetzt einen Schluck **Trebbiano** oder **Montepulciano.** Übrigens ist dies auch das beste Safran-Anbaugebiet Italiens.

Im **Lazio** (da, wo der **Frascati** herkommt) kann man von einer recht gemüselastigen

© Fototeca ENIT

und, mit Ausnahme des häufig zubereiteten **abbacchio** (Milchlamm), wenig charakteristischen Küche sprechen. Dafür ist die **pizza** aus Neapel umso charakteristischer. Und weil sie nun mal auf eine vernünftige **pizza** gehört, hat natürlich auch die **mozzarella** in der **Campania** ihr Zuhause, wobei die „richtige" aus Büffelkuhmilch, **di bufala,** zu sein hat.

In der **Basilicata** wie auch in **Calabria** geht's wieder scharf her, da haben **peperoncini**-Gerichte immer Hochsaison. Außerdem sollten Sie in der Stiefelspitze unbedingt **melanzane,** also Auberginen, in einer der zahllosen Zubereitungsarten probieren.

Auf **Sicilia** wachsen nicht nur Orangen und Zitronen, nein, die Bewohner haben auch eine besondere Vorliebe für Süßes, ob die mit **ricotta** und kandierten Früchten gefüllten **cannoli** oder die **cassata alla siciliana,** eine Sünde in Form einer Biskuittorte. Und runtergespült wird das Ganze dann mit einem Schluck süßen **Marsala.** Dass man dazwischen gelegentlich auch mal was Herzhaftes braucht, wissen natürlich auch die **siciliani** – und haben deshalb die **maccheroni** erfunden.

Fehlt noch **Sardegna,** die große Unnahbare, auf der ein Viertel aller Schafe Italiens grasen. Lamm ist somit stets auf dem Speiseplan zu finden, besonders gern **al carraxiu,** was bedeutet, dass man es stundenlang mit diversen Kräutern in einem Erdloch gart. Und auch auf **pecorino** muss man hier nie verzichten.

*Kurios ist noch das „Notenpapier", die* **carta da musica**: *ein knuspriges Brot – dünn wie Notenpapier. Auf dem wurden zwar nicht alle Noten notiert, die die Küchen Italiens zum Klingen bringen, aber doch schon mal eine kleine Ouvertüre komponiert.*

# Kulinarische Feste

## Das kulinarische Jahr

Eine nahezu unüberschaubare Zahl von kulinarischen Festen macht auch dem Uneingeweihten schnell deutlich, dass man den Tafelfreuden in Italien oft und gern zuspricht. Nur annähernd alle Feierlichkeiten aufführen zu wollen, wäre ein uferloses Unterfangen, doch zumindest einige wichtige seien hier kurz erwähnt.

Das „kulinarische Jahr“ wird Mitte März in Madonna di Campiglio, dem bekannten Skisportort, mit der **Mostra Vini Spumanti** eingeläutet. Ende Mai ist dann die Obstsaison in vollem Gang, Zeit für die Südtiroler in Auer das Apfelfest, **Festa della Mela,** zu feiern, dem sich die Piemontesen im Borgo San Martino dann einige Tage später, Anfang Juni mit dem Erdbeerfest, **Festa della Fragola,** anschließen.

Im Herbst sind natürlich vor allem dem Wein eine Reihe von „Ehrerbietungen“ vorbehalten. Anfang September begehen die Römer die **Sagra dell'Uva,** eine Woche später wird in der Toscana die **Rassegna del Chianti Classico** abgehalten, und im Oktober sind die Bozener mit ihrer **Festa dell'Uva** an der Reihe.

Doch gibt es auch in dieser Jahreszeit ein wichtiges Ereignis, das nicht den Reben gewidmet ist: In Alba (Piemont) findet, von allen Gourmets sehnsüchtig erwartet, am 1. Oktobersonntag die **Fiera del Tartufo,** die Trüffelmesse statt.

**Die Kunst der Gastfreundschaft: Bertinoro**

*Die Gastfreundschaft zur Vollendung getrieben haben die Bewohner von Bertinoro, einem hübschen Städtchen in der Romagna, die,wohl der häufigen Auseinandersetzungen und Streitigkeiten müde, im 13. Jahrhundert die* **colonna degli anelli** *(Ringsäule) vor ihrem Rathaus aufstellten, an der sich für jede Familie ein Ring befand. Kam ein Fremder in den Ort, entschied der Ring, an dem er sein Pferd festband, darüber, welche Familie ihn beherbergen durfte.*

# O bere o affogare!

## Trink oder ertrink!

Wie könnte man eine Nation besser kennenlernen als wenn man ihr zuhört, wie sie übers Essen und Trinken denkt und redet? Die umgangssprachlichen Wendungen zu diesem Thema vermitteln ein recht anschauliches Bild über die Italiener, und auch wenn ich mich hier auf die mir bekannten Sprichwörter und Ausdrücke aus meiner „Heimatregion", dem Veneto, beschränke, so können diese doch als **pars pro toto** gelten, also repräsentativ für das ganze Land.

Da man also nicht von der Luft lebt,
veneto: **de aria no se vive/**
italiano: **di aria non si vive,**
und der Mund bekanntlich die Beine trägt –
**la boca porta le gambe/**
**la bocca porta le gambe**
– nutzt man jeden Bissen, der sich bietet, schließlich will man ja nicht als Dummkopf gelten,
**co' capita un bon bocon, mona chi no ne aprofita/**
**quando capita un buon boccone, stolto chi non ne approfitta.**
Außerdem wird man bei Tisch nicht älter,
**a tola no se vien veci/**
**a tavola non si invecchia,**
wobei andererseits der Wein die Milch der Älteren ist,

**el vin l'è 'l late dei veci/**
**il vino è il latte dei vecchi,**
man den besten Wein aber, wie man weiß, bei den Pfarrern findet,
**el bon vin se trova dai paroci/**
**il buon vino si trova dai preti,**
aber auch die möge Gott vor Essern bewahren, die nicht trinken:
**Dio te varda da un magnador che no beve/**
**Dio ti guardi da un mangiatore che non beve.**

Wer keinen Appetit hat, ist entweder krank oder hat schon gegessen,
**chi no g'ha fame o l'è malà o l'ha magnà/**
**chi non ha appetito è ammalato oppure ha mangiato,**
denn wer Hunger hat, dem schmeckt alles,
**co se g'ha fame, tuto sa da bon/**
**quando si ha fame tutto piace.**
Obwohl es auch heißt, dass man sich beim Essen ganz den eigenen Vorlieben hingeben darf und sich nur bei der Kleidung nach der Allgemeinheit richten soll,
**magnar a modo suo e vestir a modo dei altri/**
**mangiare alla propria maniera e vestire come tutti.**

Auf jeden Fall ist der das Essen dann beschließende Kaffee am besten mit den drei – allerdings nur im Dialekt vorhandenen – „s": Wenn man ihn im Sitzen, heiß und ohne dafür zu bezahlen genießt:
**El cafè l'è bon con tre s: sentà, scotando e scrocando.**
**Il caffè è buono con tre s: seduti, quando è caldo e si beve gratis.**

# Il vino

## Italiens Weine

Was wäre Italien ohne seinen köstlichen Rebensaft? Schmeckt der **Chianti** oder **Orvieto** an einem schattigen Plätzchen unter freiem Himmel am Ursprungsort genossen auch noch um einiges besser, so lassen die flüssigen Köstlichkeiten doch auch zu Hause im trüben Deutschland jedes Essen gleich zu einem von herrlichen Urlaubserinnerungen geprägten Festmahl werden.

Nachfolgend werden die bekanntesten 50 Weine mit ihrer jeweiligen Herkunftsregion und der „zuständigen" Rebsorte aufgeführt, daran anschließend finden sich einige wissenswerte Begriffe rund um den Wein.

| | |
|---|---|
| **Albana** *(Romagna)* | Albana |
| **Asti Spumante** *(Piemonte)* | Moscato |
| **Barbaresco** *(Piemonte)* | Nebbiolo |
| **Barbera d'Alba** *(Piemonte)* | Barbera |
| **Bardolino** *(Veneto)* | Corvina, Negrara, Rossana |
| **Barolo** *(Piemonte)* | Nebbiolo |
| **Bianco di Custoza** *(Veneto)* | Trebbiano, Garganega |
| **Brunello** *(Toscana)* | Sangiovese |
| **Cabernet** *(Veneto)* | Cabernet |
| **Castelli Romani** *(Lazio)* | Trebbiano |

| | |
|---|---|
| **Cerasuolo di Vittoria** *(Sicilia)* | Frappato, Calabrese |
| **Cesanese** *(Lazio)* | Cesanese |
| **Chianti** *(Toscana)* | Sangiovese |
| **Cinque Terre** *(Liguria)* | Albarola, Bosco, Vermentino, Trebbiano |
| **Colli Albani** *(Lazio)* | Trebbiano |
| **Colli Berici** *(Veneto)* | versch. Trauben *(u. a. Garganega, Tocai, Pinot bianco)* |
| **Dolcetto** *(Piemonte)* | Dolcetto |
| **Elba** *(Toscana)* | Trebbiano / Sangiovese *(Weißwein / Rotwein)* |
| **Est! Est! Est!** *(Lazio)* | Trebbiano |
| **Frascati** *(Lazio)* | Trebbiano |
| **Gavi** *(Piemonte)* | Cortese |
| **Grave** *(Friuli)* | versch. Trauben *(u. a. Merlot, Cabernet, Pinot)* |
| **Greco di Tufo** *(Campania)* | Greco, Coda di volpe bianca |
| **Lambrusco** *(Emilia-Romagna)* | Lambrusco |
| **Malvasia** *(Sardegna)* | Malvasia |
| **Marsala** *(Sicilia)* | Catarratto, Grillo |
| **Marzemino** *(Trentino)* | Marzemino |
| **Merlot** *(Lazio)* | Merlot |
| **Montepulciano** *(Toscana/ Abruzzi)* | Sangiovese |
| **Moscato** | Moscato |

*besonders Süditalien*

| | |
|---|---|
| **Nuragus** *(Sardegna)* | Nuragus, Trebbiano |
| **Orvieto** *(Umbria)* | Trebbiano, Grechetto |
| **Ostuni** *(Puglia)* | Impigno, Francavilla |
| **Piave** *(Veneto)* | Merlot, Tocai, Cabernet, Verduzzo |
| **Pinot Bianco** *(Veneto)* | Pinot bianco |
| **Pinot Grigio** *(Veneto/Friuli)* | Pinot grigio |
| **Pinot Nero** *(Friuli)* | Pinot nero |
| **Prosecco** *(Veneto)* | Prosecco |
| **Recioto** *(Veneto)* | versch. Trauben *(je nach Herkunft – Valpolicella / Soave)* |
| **Sangiovese** *(Romagna/ Marche)* | Sangiovese |
| **Soave** *(Veneto)* | Garganega, Trebbiano |
| **Taurasi** *(Campania)* | Aglianico |
| **Terlano** *(Alto Adige)* | Pinot, Riesling |
| **Tocai** *(Veneto/Lombardia)* | Tocai |
| **Trebbiano** *(Romagna/ Abruzzi)* | Trebbiano |
| **Valpolicella** *(Veneto)* | Corvina, Rondinella, Molinara |
| **Verdicchio** *(Marche)* | Verdicchio |
| **Verduzzo** *(Friuli)* | Verduzzo |
| **Vermentino** *(Liguria)* | Vermentino |
| **Vernaccia** *(Toscana)* | Vernaccia |

| | |
|---|---|
| **amabile** | lieblich |
| **annata** | Jahrgang |
| **apribottiglie** *(m)* | Flaschenöffner |
| **bianco** | Weißwein |
| **botte** *(w)* | Fass |
| **cantina** | Weinkeller |
| **cavatappi** *(m)* | Korkenzieher |
| **chiaretto** | Rosé |
| **classico** | nur aus dem Kern des Anbaugebiets |
| **degustazione** *(w)* | Weinprobe |
| **denominazione** *(w)* | Bezeichnung |

**denominazione di origine controllata (DOC)**
kontrollierte Herkunftsbezeichnung
*gesetzlich festgelegtes Anbaugebiet*

**denominazione di origine controllata e garantita (DOCG)**
kontrollierte und garantierte Herkunftsbezeichnung
*höchste Qualitätsansprüche, staatliche Kontrollen*

| | |
|---|---|
| **dolce** | süß |
| **enoteca** | Weinhandlung |
| **fiasco** | strohummantelte 1,5-Liter-Flasche |
| **frizzante** | moussierend |
| **gradazione alcolica** | Alkoholgehalt |
| **imbottigliatore** *(m)* | Abfüller |
| **indicazione geografica tipica** | genaue Lagebezeichnung |

| | |
|---|---|
| **produttore**(*m*) | Erzeuger |
| **rosato** | Rosé |
| **rosso** | Rotwein |
| **riserva** | mindestens drei Jahre gelagert |
| **secco** | trocken |
| **semisecco** | halbtrocken |
| **spumante**(*m*) | Sekt |
| **superiore** | mindestens ein Jahr gelagert |
| **tappo** | Korken |
| **uva** | Traube |
| **vendemmia** | Weinlese, Traubenernte |
| **vigna** | Weinberg |
| **vin santo** | süßer Dessertwein |
| **vino da tavola** | Tafelwein |
| **vino di qualità** | Qualitätswein |
| **vino nostrano** | Wein aus der Gegend |
| **vino novello** | junger Wein |
| **vino sfuso** | offener Wein *(vom Fass)* |
| **vite**(*w*) | Rebe |
| **viticoltore**(*m*) | Winzer |
| **viticoltura** | Weinbau |
| **vitigno** | Rebsorte |

## Kaffee ist nicht gleich caffè

### ... wie und wo man ihn trinken kann

Immer wieder gepredigt, nach wie vor wahr: In Italien bestellt man einfach einen **caffè,** wenn man einen „Espresso" möchte. Ist einem der zu stark, nimmt man einen mit etwas Wasser verdünnten **caffè lungo** oder einen **caffè macchiato,** will heißen einen mit Milch „befleckten". Als Alternative bietet sich der **caffellatte,** der Milchkaffee, oder der (von den Italienern eigentlich nur vormittags getrunkene) **cappuccino** an. Wer es gerne kräftiger hat, ist mit einem extra starken, weil konzentrierten **caffè ristretto** oder einem **caffè corretto,** bei dem ein Schuss Grappa für zusätzliches Leben sorgt, gut beraten.

## Il bar

Die italienische **bar** ist keineswegs mit ihrer deutschen Variante zu vergleichen, der ja ein gewisser Hauch von alkoholgeschwängerter Männerdomäne anhaftet, der ihr jenseits der Alpen völlig fehlt. Dort ist **il bar** ein Ort für die ganze Familie, wo man morgens seinen **cappuccino** und eine **brioche** zu sich nimmt, in der Arbeitspause einen **caffè** schlürft, sich vor dem Mittag- oder Abendessen einen **aperitivo** gönnt oder einfach mal zwischendurch ein Glas Mineralwasser gegen den Durst trinkt.

*Sich an die Theke stellen oder ein Tischchen setzen und „zulaufen" lassen, ist in Italien absolut unüblich.*

Man bekommt in der **bar** auch **tramezzini,** zwei zusammengeklappte dreieckige Weißbrotscheiben mit Belag, oder **panini imbottiti,** belegte Brötchen, gegen den kleinen Hunger.

In der Regel bezahlt man zuerst an der **cassa** und geht mit seinem **scontrino,** dem Kassenzettel also an die Theke, wo man dann seine Getränke und Speisen bekommt.

## Das Geheimnis des großen „T"

Besonders die Raucher sollten nach diesem geheimnisvollen Buchstaben Ausschau halten, wenn ihr liebster Zeitvertreib zur Neige geht, steht das große **T** doch für **tabaccaio** (Tabakhändler). Nur dort bekommt man in Italien Zigaretten – außerdem aber auch Briefmarken und Busfahrkarten, Automaten sucht man vergeblich.

*Man sollte nicht wie bei uns in einem Restaurant oder einer Bar beim Ober Zigaretten bestellen. Er wird nicht verstehen, was man von ihm möchte und sich bestenfalls genötigt fühlen, eine seiner Zigaretten anzubieten.*

# La pasta

## Nudeln & Co.

Unglaublich, wie viele verschiedene Nudelsorten sich die Italiener ausgedacht haben – und auf wie viele Arten sie diese dann auch noch zubereiten! Ob Band- oder Röhrennudeln, ob in Taschen-, Schmetterlings- oder Muschelform – der Einfallsreichtum ist schier grenzenlos. Damit Sie sich in dieser Vielfalt auch zurechtfinden, hier eine kleine Orientierungshilfe.

Bei den flachen Bandnudeln sind die **fettuccine** die breitesten, gefolgt von den **tagliatelle** und den **taglierini** bis hin zu den dünnen **linguine.** Sicher nicht vorgestellt werden müssen die **spaghetti**, noch dünner heißen sie **vermicelli**, und wer gern Nudeln mit Minidurchmesser isst, bestellt **capellini.**

Auch in Deutschland sehr beliebt sind die Riesenröhren namens **cannelloni,** die meistens **al forno,** also überbacken, serviert werden. Werden die Röhren kleiner spricht man in absteigender Größe von **rigatoni, tortiglioni, sedani, penne, zite, maccheroni** oder **bucatini,** durch deren Loch (**buco**) man dann schon wirklich nicht mehr sehr gut durchsehen kann.

Schließlich findet man **pasta** auch in Form von gefüllten Taschen als quadratische **ravioli,** halbmondförmige **agnolotti** oder gebogene **tortellini** – von den zahllosen Phantasieformen wie **farfalle** (Schmetterlinge), **conchiglie** (Muscheln), **ruote** (Räder) oder **fusilli** (Spiralen) ganz zu schweigen. Schmecken tut sie eigentlich in jeder Form, am besten aber natürlich **fatta in casa,** hausgemacht halt.

# ... und was es sonst noch zu genießen gibt

## Obst, Gemüse, Käse ...

Natürlich lebt der Italiener nicht allein von **pasta, vino** und **caffè,** deshalb hier noch eine kleine Übersicht über die wichtigsten Obst- und Gemüsesorten sowie die gängigsten Getränke. Und was wäre Italien ohne seine köstlichen Käsesorten?

### Obst (frutta)

| | | |
|---|---|---|
| **ananas** | *ananaß* | Ananas |
| **mela** | *mela* | Apfel |
| **albicocca** | *albikocka* | Aprikose |
| **banana** | *banana* | Banane |
| **pera** | *pera* | Birne |
| **fragola** | *fragola* | Erdbeere |
| **fico** | *fiko* | Feige |
| **pompelmo** | *pompälmo* | Grapefruit |
| **lampone** *(m)* | *lampone* | Himbeere |
| **melone** *(m)* | *melone* | Honigmelone |
| **ribes** *(m)* | *ribeß* | Johannisbeere |
| **ciliegia** | *tschiljädscha* | Kirsche |
| **noce** *(w)* **di cocco** | *notsche di kocko* | Kokosnuss |
| **arancia** | *arantscha* | Orange |
| **pesca** | *päßka* | Pfirsich |
| **prugna** | *prunja* | Pflaume |
| **uva** | *uwa* | Traube |
| **cocomero** | *kokomero* | Wassermelone |
| **limone** *(m)* | *limone* | Zitrone |

| Gemüse (verdura) | | |
|---|---|---|
| **carciofo** | *kartschofo* | Artischocke |
| **melanzana** | *melantsana* | Aubergine |
| **cavolfiore** *(m)* | *kawolfjore* | Blumenkohl |
| **broccoli** *(m)* | *brockoli* | Broccoli |
| **piselli** *(m, Mz)* | *pißälli* | Erbsen |
| **fagiolini** *(m, Mz)* | *fadscholini* | grüne Bohnen |
| **cetriolo** | *tschetriolo* | Gurke |
| **carota** | *karota* | Karotte |
| **patata** | *patata* | Kartoffel |
| **porro** | *porro* | Lauch |
| **peperone** *(m)* | *peperone* | Paprikaschote |
| **fungo** | *fungo* | Pilz |
| **cavolo di Bruxelles** | *kawolo di brußäll* | Rosenkohl |
| **asparago** | *aßparago* | Spargel |
| **spinaci** *(m, Mz)* | *ßpinatschi* | Spinat |
| **pomodoro** | *pomodoro* | Tomate |
| **zucchine** *(w, Mz)* | *tsuckine* | Zucchini |
| **cipolla** | *tschipolla* | Zwiebel |

## Käse (formaggi)

**asiago**
würziger Schnittkäse aus Kuhmilch *(Veneto)*

**baccellone**
Frischkäse aus Schafmilch *(Toscana)*

**bel paese**
milder Butterkäse aus Kuhmilch *(Lombardia)*

**caciocavallo**
delikater Käse aus Kuhmilch in Birnenform *(Süditalien)*

**caciofiore**
runder Weichkäse aus Schaf- oder Ziegenmilch *(Mittelitalien)*
**cacio primo sale**
junger Käse aus Schafmilch *(Sicilia)*
**caciotella/caciotina**
kleiner runder Käse *(Süditalien)*
**canestrato**
Käse aus Schafmilch *(Sicilia)*
**caprino**
Käse aus Ziegenmilch *(Val d'Aosta)*
**fontina**
halbfester fetter Käse aus Kuhmilch *(Val d'Aosta)*

| | |
|---|---|
| **formaggio dolce**<br>Frischkäse | **formaggio fresco**<br>milder Käse |
| **formaggio grattugiato**<br>geriebener Käse | **formaggio piccante**<br>herzhafter Käse |

**gorgonzola**
scharfer Edelpilzkäse aus Kuhmilch *(Lombardia)*
**grana padano**
Hartkäse, ähnlich wie **parmigiano** *(Lombardia)*
**groviera**
halbfester Käse, entspricht Gruyère *(Lombardia)*
**manteca**
fetter Butterkäse aus Büffelkuhmilch
**marzolino**
junger Käse aus Schafmilch *(Toscana)*

**mascarpone**
sahniger Frischkäse

**montasio**
fester Käse aus Kuhmilch *(Friuli)*

**mozzarella**
milder kugelförmiger Käse aus Büffel- oder Kuhmilch *(Campania)*

**parmigiano(-reggiano)**
sehr würziger Hartkäse aus Kuhmilch (Parmesan, *Emilia-Romagna)*

**pecorino**
Käse aus Schafmilch

**primo sale**
frisch gereifter Käse aus Kuh- oder Schafmilch *(Sicilia, Sardegna)*

**provolone**
kugelförmiger Käse aus Kuh- oder Schafmilch *(Süditalien)*

**ragusano**
gewürzter Hartkäse aus Kuhmilch *(Sicilia)*

**ricotta**
quarkähnlicher Frischkäse

**scamorza**
nicht fermentierter weicher Käse aus Kuhmilch in Birnenform

**stracchino**
milder Frischkäse *(Lombardia)*

**taleggio**
würziger Weichkäse aus Kuhmilch *(Lombardia)*

**toma/tomino**
herzhafter Käse aus Kuhmilch *(Piemonte)*

## Getränke (bevande)

| | | |
|---|---|---|
| **succo di mele** | *ßucko di mele* | Apfelsaft |
| **birra** | *birra* | Bier |
| **(alla spina)** | *(alla ßpina)* | (vom Fass) |
| **spremuta** | *ßpremuta* | frischgepresster Saft |
| **caffè***(m)* | *kaffä* | Kaffee |
| **cioccolata** | *tschokolata* | Kakao |
| **liquore***(m)* | *likwore* | Likör |
| **limonata** | *limonata* | Limonade |
| **amaro** | *amaro* | Magenbitter |
| **latte***(m)* | *latte* | Milch |
| **acqua minerale** | *akwa minerale* | Mineralwasser |
| **succo d'arancia** | *ßucko darantscha* | Orangensaft |
| **rosato** | *rosato* | Rosé(-wein) |
| **vino rosso** | *wino roßo* | Rotwein |
| **succo** | *ßucko* | Saft |
| **acquavite***(w)* | *akwawite* | Schnaps |
| **spumante***(m)* | *ßpumante* | Sekt |
| **tè***(m)* | *tä* | Tee |
| **vino** | *wino* | Wein |
| **vino bianco** | *wino bjanko* | Weißwein |

FATTORIA PODER
PRODOTTI TIPIC
FATTORIA PODERNOVO
MIELE
POLLINE
PAPPAREALE
MARMELLATE
ARAMELLE

# Il Galateo

## Knigge auf Italienisch

Italien ist – Gott sei Dank – ein Land, in dem man von Trinkkultur sprechen darf anstatt von „Betrinkunkultur“ sprechen zu müssen. Und man wird deshalb viel seltener auf Betrunkene stoßen als bei uns, ganz einfach, weil es absolut unüblich ist, sich wie in Deutschland in die Kneipe oder Bar an der nächsten Ecke zu setzen, um sich **a più non posso,** bis zum Geht-nicht-mehr also, volllaufen zu lassen. Was aber nun ganz und gar nicht bedeutet, dass man jenseits der Alpen genussfeindlich wäre – ganz im Gegenteil.

Man achtet eben auf einen gewissen Stil, der sich auch in der Kleidung niederschlägt. So würde es einem Italiener niemals einfallen, in Shorts oder Badekleidung zum Essen zu gehen – was eigentlich auch nicht besonders schwer nachzuvollziehen ist, schließlich würden die meisten das zu Hause auch nicht tun.

Doch gibt es halt immer noch etliche Zeitgenossen, die gutes Benehmen und geschmackvolles, oder zumindest zurückhaltendes Auftreten mit ihrer Vorstellung von einem entspannten Urlaub für unvereinbar halten.

Im Restaurant sollte man sich nicht einfach auf einen Tisch seiner Wahl stürzen, sondern dem **cameriere** die Möglichkeit geben, die neuen Gäste wahrzunehmen und ihnen einen Tisch zuzuweisen, wobei man selbstverständlich nach einem anderen fragen kann, wenn einem der angebotene Platz nicht zusagt. Unüblich ist es, sich an einem besetzten Tisch zu den anderen Gästen dazuzusetzen.

Zum Abschluss dieses Kapitels noch ein Wort zur Pünktlichkeit. Es ist sicherlich richtig, dass Südeuropäer – und dazu zählen bekanntlich auch die Italiener – in der Regel ein anderes Empfinden für Pünktlichkeit haben als wir Mitteleuropäer, dennoch sollte man hier nicht allen Klischees glauben: Während es für einen Römer völlig normal ist, zu einer für acht Uhr ausgemachten Verabredung erst gegen neun Uhr zu erscheinen, wird ein **lombardo** oder **piemontese** ein solches Verhalten zum Anlass nehmen, der entsprechenden Person die Freundschaft aufzukündigen.

*Eigentlich ist es ganz einfach: Überlegen Sie sich, wie Sie sich Touristen in Deutschland wünschen – und verhalten Sie sich entsprechend im Ausland!*

© Fototeca ENIT

## Pizzeria oder ristorante?

### Essen gehen

Wen in Italien der Hunger überkommt, der kann entweder in einer **bar** oder in einer **tavola calda,** einem Schnellimbiss, einen Happen zu sich nehmen oder sich in einer **rosticceria** ein gegrilltes Kotelett, Steak oder Hähnchen gönnen. Wer lieber gemütlich speisen will, ist mit einer **osteria, pizzeria, trattoria** oder einem **ristorante** sicherlich besser beraten, wobei die Preise bei der **osteria,** einer Art einfachem Gasthaus, angefangen nach oben gehen – die Ausstattung und der Service hoffentlich auch!

In einer **trattoria** oder einem **ristorante** sollten Sie nicht nur **pasta** bestellen, denn Nudeln gelten wie ein **risotto** oder eine Suppe als **primo,** als erster Gang also, auf den eigentlich ein **secondo,** nämlich Fisch oder Fleisch, und ein Dessert, zumindest aber ein **caffè** folgt.

Steht Ihnen mittags der Sinn (oder der Geldbeutel) nach **pizza,** sollten Sie nach dem Hinweis **pizze anche a mezzogiorno** Ausschau halten, da Italiener diesen neapolitanischen Exportschlager in der Regel nur abends essen – und dazu im übrigen Bier trinken.

Und nehmen Sie die **ricevuta fiscale** (Rechnung) aus dem Lokal mit – Sie könnten auf der Straße kontrolliert werden! Der Hintergrund ist ganz einfach der, dass die italienischen Geschäftsleute, und dazu gehören natürlich auch die Restaurantbesitzer, früher anscheinend nur aus Nächstenliebe gearbeitet haben, wollte man ihren Steuererklärungen glauben. Dem hat der italienische Staat dann einen Riegel vorgeschoben, indem er den Restaurantbesitzern auferlegte, den Kunden eine von einer Computerkasse erstellte Rechnung, eben eine **ricevuta fiscale,** auszuhändigen.

## Die Speisekarte

| | |
|---|---|
| **menù** | Speisekarte |
| **specialità (della casa)** | Spezialität (des Hauses) |
| **coperto** | Gedeck |
| **servizio (compreso)** | Bedienung (inbegriffen) |

Damit man im Falle eines Falles schnell fündig wird, wenn man im Restaurant sitzt und nicht so recht weiß, was einen wohl beim Bestellen dieses oder jenes Gerichtes erwarten würde, sind die nachfolgenden Wörter und Ausdrücke in alphabetischer Reihenfolge und nicht nach Kategorien (wie Vorspeisen, Hauptgerichte etc.) sortiert aufgeführt.

| | |
|---|---|
| **a vapore** | gedämpft |
| **abbacchio** | Milchlamm |
| **acciughe** | Sardellen |
| **affettato misto** | Aufschnitt |
| **affumicato** | geräuchert |
| **agnello** | Lamm |
| **ai ferri** | vom Rost |
| **al burro** | mit Butter |
| **al dente** | mit „Biss" |
| **al forno** | überbacken |
| **al pesto** | mit Basilikum, Knoblauch & Pinienkernen |
| **al sangue** | englisch *(bei Fleisch)* |
| **al sugo** | mit Tomatensoße |
| **alici** | Sardellen |
| **all'amatriciana** | mit Tomaten, roten Paprikaschoten, Speck & Zwiebeln |
| **all'arrabbiata** | mit scharfer Tomatensoße |
| **alla bolognese/ al ragù** | mit Hackfleisch |
| **alla cacciatora** | mit Knoblauch, Kräutern & Wein |
| **alla carbonara** | mit Ei & Speck |

*Noch ein Wort zu den Preisen: In Italien muss der Betrag auf der Karte nicht unbedingt der sein, den man am Ende zu zahlen hat. Man achte darauf, ob* **coperto e servizio compreso** *sind, also Gedeck und Bedienung inbegriffen. Und auch wenn der* **servizio** *eigens in Rechnung gestellt wird, sollte man – wie auch sonst – dem* **cameriere** *für eine aufmerksame Bedienung ein kleines pekuniäres Dankeschön zukommen lassen, bei dessen Höhe man sich an den deutschen Gepflogenheiten orientieren kann.*

| | |
|---|---|
| **alla griglia** | gegrillt, vom Grill |
| **alla marinara** | mit Meeresfrüchten |
| **alla panna** | mit Sahne |
| **alla pizzaiola** | mit Tomatensoße, Pilzen & Basilikum |
| **alla puttanesca** | mit Oliven, Kapern & schwarzem Pfeffer |
| **allo spiedo** | am Spieß |
| **anatra, anitra** | Ente |
| **antipasti** | Vorspeisen |
| **aragosta** | Languste |
| **aringa** | Hering |
| **arrostito** | gebraten, geröstet |
| **arrosto** | Braten; gebraten |
| **assortito** | gemischt |
| **babà al rum** | mit Rum getränkter Hefekuchen |
| **baccalà** | Stockfisch |
| **bagna cauda** | heiße Soße aus Öl, Knoblauch & Sardellen |
| **besciamella** | Béchamelsauce |
| **bistecca (ai ferri)** | Steak (vom Grill) |
| **bollito misto** | versch. gekochtes Fleisch |
| **braciola** | Kotelett |
| **branzino** | Seebarsch |
| **brasato** | Schmorbraten |
| **bresaola** | luftgetrocknetes Rindfleisch |
| **brodetto** | Fischsuppe |
| **brodo** | Brühe |
| **budino** | Pudding |
| **burro fuso** | zerlassene Butter |
| **cacciagione** | Wild |

| | |
|---|---|
| **canederli** | Knödel |
| **caponata** | Auberginen, Paprika, Tomaten, Öl |
| **capperi** | Kapern |
| **capretto** | Zicklein |
| **capriolo** | Reh |
| **carni** | Fleischgerichte |
| **carpa** | Karpfen |
| **carpaccio** | dünngeschnittenes rohes Rindfleisch |
| **casalingo** | hausgemacht |
| **cassata** | Eis mit kandierten Früchten |
| **cassata alla siciliana** | Biskuittorte mit Quark & kandierten Früchten |
| **cervello** | Hirn |
| **cialda** | Waffel |
| **cinghiale** | Wildschwein |
| **coniglio** | Kaninchen |
| **contorni** | Beilagen |
| **coperto** | Gedeck |
| **coscia** | Keule |
| **costoletta** | Kotelett |
| **cotto** | gekocht, gar |
| **crostacei** | Schalentiere |
| **crostata** | Mürbteigkuchen |
| **crudo** | roh; roher Schinken |
| **dessert** | Nachtisch |
| **dolci** | Süßspeisen |
| **fagiano** | Fasan |
| **farcito** | gefüllt |
| **farinacei** | Teigwaren |
| **fetta** | Scheibe |

| | |
|---|---|
| **fettina** | kleines Schnitzel |
| **filetto** | Filet |
| **fonduta** | Fondue |
| **formaggi, formaggio** | Käse |
| **frittata** | Omelette |
| **frittella** | Krapfen |
| **fritto misto** | verschiedene gebackene Fische & Meeresfrüchte |
| **frittura di pesce** | in Öl gebackene Fische |
| **frutta** | Obst |
| **frutti di mare** | Meeresfrüchte |
| **funghi** | Pilze |
| **gamberetti** | Garnelen |
| **gamberi** | Krebse |
| **gelato** | Eis |
| **gnocchi** | Kartoffelklößchen |
| **granchi** | Krabben |
| **gratinato** | überbacken |
| **imbottito** | gefüllt |
| **impanato** | paniert |
| **insalata di mare** | Meeresfrüchtesalat |
| **insalate** | Salate |
| **involtini** | Rouladen |
| **lardo** | Speck |
| **lattuga** | Kopfsalat |
| **lepre** | Hase |
| **lombata** | Lende |
| **lumache** | Schnecken |
| **macedonia (di frutta)** | Obstsalat |
| **maiale** | Schweinefleisch |
| **manzo** | Rindfleisch |

| | |
|---|---|
| **manzo lesso** | gekochtes Rindfleisch |
| **marinato** | mariniert |
| **meringa** | Baiser |
| **merluzzo** | Kabeljau |
| **milza** | Milz |
| **minestra, zuppa** | Suppe |
| **minestrone** | Gemüsesuppe |
| **misto** | gemischt |
| **nasello** | Seehecht |
| **novello** | jung |
| **oca** | Gans |
| **orata** | Goldbrasse |
| **ostriche** | Austern |
| **pancetta** | durchwachsener Speck |
| **passato** | Püree |
| **pasta** | Nudeln, Teigwaren |
| **paste** | Gebäck(stücke) |
| **pasticcini** | Teegebäck |
| **pasticcio** | Pastete |

| | |
|---|---|
| **patate** | Kartoffeln |
| **pesce spada** | Schwertfisch |
| **pesci** | Fischgerichte |
| **petti di pollo** | Hühnerbrüstchen |
| **polenta** | Maisbrei |
| **pollame** | Geflügel |
| **pollo** | Huhn |
| **pollo arrosto** | Brathähnchen |
| **polpette** | Frikadellen |
| **polpettone** | Hackbraten |
| **porchetta** | Spanferkel |
| **primi (piatti)** | erste Gänge (Suppe, Pasta oder Risotto) |
| **profiterole** | m. Schokolade überzogene gefüllte Eclairs |
| **prosciutto cotto** | gekochter Schinken |
| **purè, purea** | Püree |
| **razza** | Rochen |
| **ripieno** | gefüllt |
| **risotto** | Reisgericht |
| **rognoni** | Nieren |
| **rombo** | Steinbutt |
| **salmone** | Lachs |
| **salsicce** | Würstchen |

| | |
|---|---|
| **sarde** | Sardinen |
| **secondi (piatti)** | zweite Gänge (Fisch oder Fleisch) |
| **selvaggina** | gefullt |
| **seppie, calamari** | Tintenfische |
| **sfogliata** | Blätterteiggebäck |
| **sformato** | Auflauf |
| **sogliola** | Seezunge |
| **sottaceti** | in Essig eingelegtes Gemüse |
| **spezzatino** | Gulasch |
| **spiedino** | Fleischspieß |
| **spumone** | Schaumgefrorenes |
| **stoccafisso** | Stockfisch |
| **stracotto** | Schmorbraten |
| **stufato** | gedünstet; Schmorbraten |
| **tacchino** | Putenfleisch |
| **tartufi** | Trüffel |
| **tartufo** | Schokoladeneis mit Vanille-Kern |
| **tonno** | Tunfisch |
| **torrone** | Nougat mit Honig, Mandeln & kandierten Früchten |
| **torta** | Torte |
| **triglia** | Barbe |
| **trippa** | Kutteln |
| **trota** | Forelle |
| **verdure** | Gemüse |
| **vongole** | Venusmuscheln |
| **zabaione** | Weinschaumcreme |
| **zampone** | gefüllter Schweinsfuß |
| **zuppa di pesce** | Fischsuppe |

## Italienische Spezialitäten

**insalata caprese**
Mozzarella mit Tomaten & Basilikum
**zuppa inglese**
Torte aus mehreren Schichten in Likör getränkter Biskuits mit heller & dunkler Creme dazwischen
**costoletta alla milanese**
Wiener Schnitzel
**piccata**
mit Zitrone zubereitetes Kalbsschnitzel
**cozze alla marinara**
Miesmuscheln in Weißwein
**fegato (alla veneziana)**
Leber (mit Zwiebeln & Salbei)
**saltimbocca alla romana**
Kalbsschnitzel mit Schinken & Salbei
**vitello (tonnato)**
Kalbfleisch (in Tunfischsoße)
**anguilla alla bisentina**
mit Wein & Lorbeer gebackener Aal
**anguilla alla veneziana**
Aal in Zitronensoße
**animelle**
Kalbsbries
**osso bucco**
Kalbshaxe in Wein-Tomaten-Soße
**bavarese**
„bayerische Creme", Halbgefrorenes aus Milch, Eiern, Sahne & Zucker
**risi e bisi**
Reis mit Erbsen & Parmesankäse

## Reservieren

**Buongiorno, vorrei prenotare un tavolo per due persone.**
buondschorno worräi prenotare un tawolo per due perßone
*guter-Tag (ich-)würde-wollen reservieren ein Tisch für zwei Personen*
Guten Tag, ich möchte einen Tisch für zwei Personen reservieren.

**Per quando?**
per kwando
*für wann*
Für wann?

**Per stasera/domani/dopodomani.**
per ßtaßera/domani/dopodomani
*für diese-Abend/morgen/nach-morgen*
Für heute Abend/morgen/übermorgen.

**A che ora?**
a ke ora
*zu was Stunde*
Für welche Uhrzeit?

**Alle otto/otto e mezza.**
alle otto/otto e mätsa
*zu-die acht/acht und halbe*
Für acht Uhr/halb neun.

**A che nome?**
a ke nome
*zu was Name*
Auf welchen Namen?

**A nome di …**
a nome di
*zu Name von*
Auf den Namen …

**Buona sera, abbiamo prenotato un tavolo per due a nome di ...**
*buona ßera abjamo prenotato un tawolo per due a nome di*
*gute Abend (wir-)haben reserviert ein Tisch für zwei zu Name von*
Guten Abend, wir haben auf den Namen ... einen Tisch für zwei reserviert.

**Buona sera, ha un tavolo per quattro persone?**
*buona ßera a un tawolo per kwattro perßone*
*gute Abend (er/sie-)hat ein Tisch für vier Personen*
Guten Abend, haben Sie einen Tisch für vier Personen?

**Ha un tavolo alla finestra/ sulla terrazza/in giardino?**
*a un tawolo alla finäßtra/ßulla terratsa/in dschardino*
*(er/sie-)hat ein Tisch zu-die Fenster/ auf-die Terrasse/ in Garten*
Haben Sie einen Tisch am Fenster/ auf der Terrasse/im Garten?

## Bestellen

**Possiamo avere il menù/la lista dei vini, per favore?**
*poßjamo awere il menu/la lißta dei wini per fawore*
*(wir-)können haben der Menü/die Liste von-die Weine für Gefallen*
Können wir bitte die Speisekarte/ die Weinkarte haben?

**Vorremmo ordinare, per favore.**
*worrämmo ordinare per fawore*
*(wir-)würden-wollen bestellen für Gefallen*
Wir möchten gern bestellen.

**Avete già scelto?**
*awete dscha schelto*
*(ihr-)habt schon gewählt*
Haben Sie schon gewählt?

**No, non ancora.**
*no non ankora*
*nein nicht schon*
Nein, noch nicht.

**Mi ci vuole ancora un minuto.**
*mi tschi wuole ankora un minuto*
*mir da (er/sie-)will noch eine Minute*
Ich brauche noch eine Minute.

**Che cosa ci consiglia?**
*ke koßa tschi konßilja*
*was Sache uns (er/sie-)empfiehlt*
Was empfehlen Sie uns?

**Quali sono le specialità della regione?**
*kwali ßono le ßpetschalita della redschone*
*welche (sie-)sind die Spezialitäten von-die Region*
Was sind die Spezialitäten der Gegend?

**Cos'è il piatto del giorno?**
*koßä il pjatto del dschorno*
*was'(er/sie-)ist der Teller vom Tag*
Was ist das Tagesgericht?

**Mi può spiegare cos'è ...?**
*mi puo ßpjegare koßä*
*mir (er/sie-)kann erklären was'(er/sie-)ist*
Können Sie mir erklären, was ... ist?

**Com'è preparato?**
*komä preparato*
*wie'(er/sie-)ist zubereitet*
Wie ist es zubereitet?

**Sono diabetico/vegetariano.**
*ßono diabätiko/wedschetariano*
*(ich-)bin Diabetiker/Vegetarier*
Ich bin Diabetiker/Vegetarier.

**Vorrei il mio cibo senza ..., per favore.**
*worräi il mio tschibo ßäntsa ... per fawore*
*(ich-)würde-wollen der mein Speise ohne ... für Gefallen*
Ich möchte mein Essen bitte ohne ...

**Prendo/Prendiamo come antipasto/ primo/ secondo ...**
*prändo/prändjamo kome antipaßto/primo/ßekondo*
*(ich-)nehme/(wir-)nehmen wie Vorspeise/ Erster/ Zweiter*
Ich nehme/Wir nehmen als Vorspeise/ ersten Gang/zweiten Gang ...

**Che c'è come contorno/dessert?**
*ke tschä kome kontorno/deßär*
*was da'(er/sie-)ist wie Beilage/Dessert*
Was gibt es als Beilage/Nachtisch?

**La bistecca ben cotta/non troppo cotta/ al sangue, per favore.**
*la bißteka ben kotta/non troppo kotta/ al ßangwe per fawore*
*die Steak gut gekocht/nicht zu-viel gekocht/ zum Blut für Gefallen*
Das Steak bitte gut durch/nicht ganz durch/ blutig.

**Mi/Ci potrebbe portare ancora un po' di pane, per cortesia?**
*mi/tschi poträbbe portare ankora un po di pane per korteßia*
*mir/uns (er/sie-)könnte bringen noch ein wenig von Brot für Höflichkeit*
Könnten Sie mir/uns bitte noch ein bisschen Brot bringen?

**E da bere?**
*e da bere*
*und von trinken*
Und zu trinken?

**un quarto di rosso**
*un kwarto di roßo*
*ein Viertel von rot*
einen Viertelliter Rotwein

**un litro di bianco**
*un litro di bjanko*
*ein Liter von weiß*
einen Liter Weißwein

**una birra alla spina**
*una birra alla ßpina*
*eine Bier zu-die Stachel*
ein Bier vom Fass

**una bottiglia di acqua minerale gassata/naturale**
*una bottilja di akwa minerale gaßata/naturale*
*eine Flasche von Wasser mineralisch gashaltig/ natürlich*
eine Flasche Mineralwasser mit/ohne Kohlensäure

**Prende/Prendete un dessert/caffè?**
*prände/prändete un deßär/kaffä*
*(er/sie-)nimmt/(ihr-)nehmt ein Dessert/Kaffee*
Möchten Sie einen Nachtisch/Kaffee?

**Sì, prendo ...**
*ßi prändo*
*ja (ich-)nehme*
Ja, ich nehme ...

**No, grazie, non per me.**
*no gratsje non per mä*
*nein danke nicht für mich*
Nein, danke, nicht für mich.

**Posso avere uno stuzzicadenti/un posacenere, per cortesia?**
*poßo awere uno ßtutsikadänti/un posatschenere per korteßia*
*(ich-)kann haben ein (er/sie-)reizt-Zähne für Höflichkeit*
Kann ich bitte einen Zahnstocher/Aschenbecher haben?

**Scusi, dove sono i gabinetti?**
*ßkußi dowe ßono i gabinetti*
*entschuldigen(-Sie) wo (sie-)sind die Toiletten*
Entschuldigung, wo sind die Toiletten?

**Dove posso lavarmi le mani?**
*dowe poßo lawarmi le mani*
*wo (ich-)kann waschen-mich die Hände*
Wo kann ich mir die Hände waschen?

**Non c'è della carta igienica/del sapone/un asciugamano.**
*non tschä della karta idschenika/del ßapone/un aschugamano*
*nicht da'(er/sie-)ist von-die Papier hygienisch/von-der Seife/ein trocknet-Hand*
Es gibt kein Toilettenpapier/keine Seife/kein Handtuch.

## Reklamieren & Bezahlen

**Cameriere, manca ancora un coltello/una forchetta.**
*kamerjäre manka ankora un koltällo/una forketta*
*Ober (er/sie-) fehlt noch ein Messer/eine Gabel*
Herr Ober, es fehlt noch ein Messer/eine Gabel.

**La tovaglia è sporca.**
*la towalja ä ßporka*
*die Tischdecke (er/sie-)ist schmutzig*
Die Tischdecke ist schmutzig.

| | |
|---|---|
| **coltello** | Messer |
| **forchetta** | Gabel |
| **cucchiaio** | Löffel |
| **cucchiaino** | Kaffee-/Teelöffel |
| **posate** *(w, Mz)* | Besteck |
| **tazza** | Tasse |
| **bicchiere** *(m)* **(da vino)** | (Wein-)Glas |
| **brocca** | Krug |
| **bottiglia** | Flasche |
| **stoviglie** *(m, Mz)* | Geschirr |
| **piatto** | Teller |
| **piatto fondo** | Suppenteller |
| **ciotola** | Schale |
| **saliera** | Salzstreuer |
| **spargipepe** *(m)* | Pfefferstreuer |
| **stuzzicadenti** *(m)* | Zahnstocher |
| **tovagliolo** | Serviette |
| **tovaglia** | Tischdecke |

**Non ho/abbiamo ordinato questo.**
*non o/abjamo ordinato kweßto*
*nicht (ich-)habe/(wir-)haben bestellt dieser*
Das habe ich/haben wir nicht bestellt.

**La minestra è fredda/troppo salata.**
*la minäßtra ä fredda/troppo ßalata*
*die Suppe (er/sie-)ist kalt/zuviel gesalzen*
Die Suppe ist kalt/versalzen.

**La carne non è cotta.**
*la karne non ä kotta*
*die Fleisch nicht (er/sie-)ist gekocht*
Das Fleisch ist nicht durch.

**Il pesce ha un gusto strano.**
*il pesche a un gußto ßtrano*
*der Fisch (er/sie-)hat ein Geschmack seltsam*
Der Fisch schmeckt merkwürdig.

**Cameriere, il conto, per favore.**
*kamerjäre il konto per fawore*
*Ober der Rechnung für Gefallen*
Herr Ober, die Rechnung bitte.

**Ci dev'essere un errore.**
*tschi dew'äßere un errore*
*da (er/sie-)muss'sein ein Fehler*
Da stimmt etwas nicht.

**Posso pagare con carta di credito?**
*poßo pagare kon karta di kredito*
*(ich-)kann zahlen mit Karte von Kredit*
Kann ich mit Kreditkarte bezahlen?

**Va bene così.**
*wa bäne koßi*
*(er/sie-)geht gut so*
Stimmt so.

# Einkaufen

## Auf dem Markt & im Supermarkt

**Cerco ...**
*tscherko*
*(ich-)suche*
Ich suche ...

**Dove posso trovare ...?**
*dowe poßo troware*
*wo (ich-)kann finden*
Wo finde ich ...?

**Dove posso comprare ...?**
*dowe poßo komprare*
*wo (ich-)kann kaufen*
Wo kann ich ... kaufen?

**C'è un mercato qui?**
*tschä un merkato kwi*
*da'(er/sie-)ist ein Markt hier*
Gibt es hier einen Markt?

**Dov'è il supermercato più vicino?**
*dowä il ßupermerkato pju witschino*
*wo'(er/sie-)ist der Supermarkt mehr nah*
Wo ist der nächste Supermarkt?

**Mi può raccomandare un macellaio/fornaio?**
*mi puo rakomandare un matschellajo/fornaio*
*mir (er/sie-)kann empfehlen ein Metzger/Bäcker*
Können Sie mir einen Metzger/Bäcker empfehlen?

**Mi potrebbe aiutare, per cortesia?**
*mi potrebbe ajutare per korteßia*
*mir (er/sie-)könnte helfen für Höflichkeit*
Könnten Sie mir bitte helfen?

**Ha ...?**
*a*
*(er/sie-)hat*
Haben Sie ...?

**Vorrei ...**
*worräi*
*(ich-)würde-wollen*
Ich hätte gern ...

**Mi dà ..., per favore.**
*mi da ... per fawore*
*mir (er/sie-)gibt ... für Gefallen*
Geben Sie mir bitte ...

**È fresco il pesce?**
*ä freßko il pesche*
*(er/sie-)ist frisch der Fisch*
Ist der Fisch frisch?

**Sono dolci le pesche?**
*ßono doltschi le päßke*
*(sie-)sind süß die Pfirsiche*
Sind die Pfirsiche süß?

**Come si chiama questo formaggio?**
*kome ßi kjama kweßto formaddscho*
*wie sich (er/sie-)ruft dieser Käse*
Wie heißt dieser Käse?

**È della regione?**
*ä della redschone*
*(er/sie-)ist von-die Region*
Kommt er hier aus der Gegend?

**Posso assaggiare un pezzetino, per cortesia?**
*poßo aßadschare un pettsetino per korteßia*
*(ich-)kann probieren ein Stückchen für Höflichkeit*
Kann ich ein Stückchen probieren?

**Quanto costa?**
*kwanto koßta*
*wie-viel (er/sie-)kostet*
Wie viel kostet das?

**Quanto costa al chilo?**
*kwanto koßta al kilo*
*wie-viel (er/sie-)kostet zum Kilo*
Wie viel kostet das Kilo?

**Un po' di meno/più, per favore.**
*un po di meno/pju per fawore*
*ein wenig von weniger/mehr für Gefallen*
Etwas weniger/mehr, bitte.

**La metà/Un quarto, per favore.**
*la meta/un kwarto per fawore*
*die Hälfte/ein Viertel für Gefallen*
Die Hälfte/Ein Viertel, bitte.

## Mengenangaben & Gewichte

| | | |
|---|---|---|
| **doppio** | *doppjo* | Doppelte(s) |
| **dozzina** | *dotsina* | Dutzend |
| **alcuni** (*m*)/ **alcune** (*w*) | *alkuni/ alkune* | einige |
| **grammo** | *grammo* | Gramm |
| **manciata** | *mantschata* | Handvoll |
| **chilogrammo** | *kilogrammo* | Kilogramm |
| **chilometro** | *kilometro* | Kilometer |
| **litro** | *litro* | Liter |
| **metà** | *meta* | Hälfte |
| **mezzo** | *mätso* | halb |
| **misura** | *mißura* | Maß |
| **più** | *pju* | mehr |
| **quantità** | *kwantita* | Menge |
| **metro** | *mätro* | Meter |
| **millilitro** | *millilitro* | Milliliter |
| **millimetro** | *millimetro* | Millimeter |
| **paio** | *pajo* | Paar |
| **pacchetto** | *packetto* | Packung |
| **scatola** | *ßkatola* | Schachtel |
| **fetta** | *fetta* | Scheibe |
| **pezzo** | *petso* | Stück |
| **molto** | *molto* | viel |
| **molti** (*m*)/ **molte** (*w*) | *molti/ molte* | viele |
| **poco** | *poko* | wenig |
| **pochi** (*m*)/ **poche** (*w*) | *poki/ poke* | wenige |
| **meno** | *meno* | weniger |
| **centimetro** | *tschentimetro* | Zentimeter |
| **mezzo quintale** | *mätso kwintale* | Zentner |
| **troppo** | *troppo* | zu viel |

**Basta così, grazie.**
*baßta koßi gratsje*
*(er/sie-)genügt so danke*
Danke, das genügt.

**È un po' troppo.**
*ä un po troppo*
*(er/sie-)ist ein wenig zu viel*
Das ist ein bisschen zu viel.

**Grazie, è tutto.**
*gratsje ä tutto*
*danke (er/sie-)ist alles*
Danke, das ist alles.

**Avrebbe un sacchetto per me?**
*awräbbe un ßacketto per me*
*(er/sie-)hätte ein Säckchen für mich*
Haben Sie bitte eine Tüte für mich?

**A che ora apre/chiude?**
*a ke ora apre/kjude*
*zu was Stunde (er/sie-)öffnet/schließt*
Um wie viel Uhr öffnen/schließen Sie?

## wichtige Wörter

| | | |
|---|---|---|
| **comprare** | *komprare* | kaufen |
| **vendere** | *wendere* | verkaufen |
| **cercare** | *tscherkare* | suchen |
| **dare** | *dare* | geben |
| **prezzo** | *prätso* | Preis |
| **(troppo) caro** | *(troppo) karo* | (zu) teuer |
| **a buon mercato** | *a buon merkato* | billig |

| | | |
|---|---|---|
| **quantità** | *kwantita* | Menge |
| **più** | *pju* | mehr |
| **meno** | *meno* | weniger |
| **chilo** | *kilo* | Kilo |
| **etto** | *ätto* | 100 Gramm |
| **grammo** | *grammo* | Gramm |
| **pezzo** | *pettso* | Stück |
| **fetta** | *fetta* | Scheibe |
| **qualità** | *kwalita* | Qualität |
| **fresco** | *freßko* | frisch |
| **maturo** | *maturo* | reif |
| **(prodotti) surgelati** | *(prodotti) ßurdschelati* | Tiefkühlkost |
| **negozio** | *negotsjo* | Laden, Geschäft |
| **mercato** | *merkato* | Markt |
| **supermercato** | *ßupermerkato* | Supermarkt |
| **orario di apertura** | *orario di apertura* | Öffnungszeiten |

# Chi fa da sè

## Italienische Rezepte

### Fusilli al gorgonzola

**ingredienti (per 4 persone)**

**400 g di fusilli**
**300 g di gorgonzola morbido**
**40 g di burro**
**sale**

**preparazione**

*In una padella capiente fate sciogliere il burro e aggiungete dopo poco il gorgonzola tagliato a cubetti. Lasciate cucinare a fiamma bassa per circa 3 minuti e nel frattempo cuocete in acqua bollente i fusilli. Scolateli al dente, versateli nella padella e amalgamateli al resto per qualche secondo aggiungendo un mestolo scarso di acqua di cottura. Serviteli subito ancora caldissimi.*

**indicazione:**

La pasta non va insaporita con grana grattugiato.

| | | |
|---|---|---|
| **ingredienti**(*m, Mz*) | *ingredjänti* | Zutaten |
| **morbido** | *morbido* | weich |
| **preparazione**(*w*) | *preparatsjone* | Zubereitung |
| **preparare** | *preparare* | zubereiten |

| | | |
|---|---|---|
| **padella** | *padälla* | Pfanne |
| **sciogliere** | *scholjere* | schmelzen, auflösen |
| **aggiungere** | *adschundschere* | hinzufügen, dazugeben |
| **tagliare (a cubetti)** | *taljare (a kubetti)* | (in Würfel) schneiden |
| **cucinare** | *kutschinare* | kochen, zubereiten |
| **a fiamma bassa** | *a fjamma baßa* | bei niedriger Temperatur |
| **cuocere** | *kuotschere* | kochen, garen |
| **bollire** | *bollire* | kochen, sieden (Wasser) |
| **scolare** | *ßkolare* | abgießen, ausschütten |
| **versare** | *werßare* | gießen |
| **amalgamare** | *amalgamare* | vermengen, vermischen |
| **mestolo** | *meßtolo* | Kochlöffel |
| **servire** | *ßerwire* | servieren |
| **indicazione***(w)* | *indikatsjone* | Hinweis |
| **insaporire** | *inßaporire* | abschmecken |
| **grana grattugiato** | *grana grattudschato* | geriebener Käse (Parmesan) |

**Zubereitung**

*Schmelzen Sie die Butter in einer geräumigen Pfanne, und geben Sie kurz danach den in kleine Würfel geschnittenen Gorgonzola dazu. Auf niedrigerTemperatur ungefähr drei Minuten kochen lassen und in der Zwischenzeit die Fusilli in kochendem Wasser garen. Gießen Sie sie ab, wenn sie* **al dente** *sind, schütten Sie sie in eine Pfanne und vermengen Sie sie einige Sekunden mit dem Rest, wobei Sie einen knappen Kochlöffel voll des Kochwassers dazugeben. Servieren Sie sie sofort, solange sie noch heiß sind.*

*Hinweis:*

*Die Nudeln nicht mit geriebenem Käse abschmecken.*

## Saltimbocca all'Italiana

### ingredienti (per 4 persone)

**600 g di tacchino (a fette)**
**150 g di prosciutto cotto**
**foglie di salvia**
**olio d'oliva**
**1 bicchiere di vino bianco**
**sale fino**
**pepe**

### preparazione

*Per cominciare salate e pepate le fettine di carne, successivamente posate su ognuna una fettina di prosciutto, una fogliolina di salvia e fermatele servendovi di uno stuzzicadenti. A parte, in una padella antiaderente, fate riscaldare l'olio e adagiate con cura le fettine dalla parte del prosciutto lasciandole cuocere per un minuto a fiamma alta. Aiutandovi con due forchette, voltate le fettine e continuate la cottura ancora per un altro minuto. Successivamente, toglietele dal fuoco e posatele su di un piatto piano da portata, mentre nella padella versate il vino che lascerete restringersi per un minuto fino a ottenere una salsina cremosa che servirà a cospargere i saltimbocca.*

| | | |
|---|---|---|
| **a fette** | *a fette* | in Scheiben |
| **foglie di salvia** | *folje di ßalwia* | Salbeiblätter |
| **salare** | *ßalare* | salzen |
| **pepare** | *pepare* | pfeffern |
| **stuzzicadenti** *(m)* | *ßtutsikadänti* | Zahnstocher |
| **riscaldare** | *rißkaldare* | erwärmen, aufwärmen |
| **a fiamma alta** | *a fjamma alta* | bei hoher Temperatur |
| **voltare** | *woltare* | umdrehen |
| **restringersi** | *reßtrindscherßi* | sich zusammenziehen |
| **ottenere** | *ottenere* | bekommen, erhalten |
| **una salsina cremosa** | *una ßalßina krämosa* | ein cremiges Sößchen |
| **cospargere** | *koßpardschere* | bestreuen, bedecken, begießen |

**Zubereitung**

*Salzen und pfeffern Sie zuerst das Fleisch, legen Sie dann auf jede Scheibe Fleisch eine Scheibe Schinken, ein Salbeiblättchen und befestigen Sie alles mit einem Zahnstocher. Erwärmen Sie nebenbei in einer nicht haftenden Pfanne das Öl, legen Sie dann das Fleisch sorgfältig auf die Seite mit dem Schinken, und lassen Sie es eine Minute bei hoher Temperatur braten. Drehen Sie das Fleisch mit Hilfe von zwei Gabeln um, und lassen Sie es noch eine Minute braten. Nehmen Sie es anschließend vom Feuer und legen Sie es auf eine flache Servierplatte, während Sie den Wein in die Pfanne gießen und ihn eine Minute zusammenziehen lassen, bis Sie ein cremiges Sößchen bekommen, mit dem Sie die Saltimbocca übergießen.*

# Redensarten rund ums Essen

In einem Land, das quasi als Synonym für Gaumenfreuden und Lebenslust steht, gibt es natürlich auch zahlreiche „anschauliche" Ausdrücke und Formulierungen zu diesem Thema. Nachfolgend eine kleine Auswahl von Konstruktionen, die alle mit **mangiare** – essen – zusammenhängen.

**mangiare a crepapelle**
... *bis die Haut platzt*
essen, bis man platzt

**mangiare a più non posso**
... *bis zum Geht-nicht-mehr*
essen, was reingeht

**mangiare a quattro ganasce/palmenti**
... *mit vier Kinnladen/Mühlsteinen*
essen wie ein Scheunendrescher

**mangiare la foglia**
*das Blatt essen*
auf die Schliche kommen

**l'appetito vien mangiando**
der Appetit kommt beim Essen

**mangiare con gli occhi**
mit den Augen verschlingen

**o mangiare questa minestra o saltare dalla finestra**
*entweder diese Suppe essen oder aus dem Fenster springen*
friss oder stirb

**mangiare i confetti di qualcuno**
*die dragierten Mandeln von jemandem essen*
jemandes Hochzeit feiern

*Auf italienischen Hochzeiten werden üblicherweise dragierte Mandeln an die Gäste verteilt.*

**mangiare il pane a tradimento**
*das Brot hinterrücks essen*
auf Kosten anderer leben

**mangiare due bocconi**
*... zwei Bissen*
eine Kleinigkeit essen, einen Happen zu sich nehmen

**mangiarsi il fegato**
*seine Leber essen*
sich krank ärgern

**mangiarsi le mani**
*seine Hände essen*
sich ohrfeigen können, etwas bitter bereuen

**mangiarsi vivo qualcuno**
*jemanden lebend essen*
jemanden vor Wut fressen können

**mangiarsi l'avversario**
*beim Sport etc.*
den Gegner fertig-/niedermachen

# Wörter, die weiterhelfen

**Vorrei ...**
*worräi*
Ich möchte ...

**Vorrei un chilo di pomodori.**
*worräi un kilo di pomodori*
*(ich-)würde-wollen ein Kilo von Tomaten*
Ich möchte ein Kilo Tomaten.

**Cerco ...**
*tscherko*
Ich suche ...

**Cerco un ristorante non troppo caro.**
*tscherko un rißtorante non troppo karo*
*(ich-)suche ein Restaurant nicht zu-viel teuer*
Ich suche ein nicht zu teures Restaurant.

**Ho bisogno di ...**
*o bißonjo di*
Ich brauche ...

**Ho bisogno di qualcosa contro male di testa.**
*o bißonjo di kwalkoßa kontro male di teßta*
*(ich-)habe Bedarf von etwas gegen der Schlechte von Kopf*
Ich brauche etwas gegen Kopfschmerzen.

**Ha ...?**
*a*
Haben Sie ...?

> **Ha anche pane integrale?**
> *a anke pane integrale*
> *(er/sie-)hat auch Brot vollständig*
> Haben Sie auch Vollkornbrot?

**Dov'è ...?**
*dowä*
Wo ist ...?

> **Dov'è il mercato?**
> *dowä il merkato*
> *wo-(er/sie-)ist der Markt*
> Wo ist der Markt?

**C'è ...?**
*tschä*
Gibt es ...?

> **C'è un panettiere qui vicino?**
> *tschä un panetjere kwi witschino*
> *da'(er/sie-)ist ein Bäcker hier nahe*
> Gibt es hier in der Nähe einen Bäcker?

# Zahlen, zählen, Zeitangaben

## Grundzahlen

| | | | | | |
|---|---|---|---|---|---|
| 0 | **zero** | *tsäro* | 10 | **dieci** | *djätschi* |
| 1 | **uno** | *uno* | 11 | **undici** | *unditschi* |
| 2 | **due** | *due* | 12 | **dodici** | *doditschi* |
| 3 | **tre** | *tre* | 13 | **tredici** | *treditschi* |
| 4 | **quattro** | *kwattro* | 14 | **quattordici** | *kwattorditschi* |
| 5 | **cinque** | *tschinkwe* | 15 | **quindici** | *kwinditschi* |
| 6 | **sei** | *ßäi* | 16 | **sedici** | *ßeditschi* |
| 7 | **sette** | *ßätte* | 17 | **diciassette** | *ditschaßätte* |
| 8 | **otto** | *otto* | 18 | **diciotto** | *ditschotto* |
| 9 | **nove** | *nowe* | 19 | **diciannove** | *ditschanowe* |

| | | |
|---|---|---|
| 20 | **venti** | *wenti* |
| 30 | **trenta** | *trenta* |
| 40 | **quaranta** | *kwaranta* |
| 50 | **cinquanta** | *tschinkwanta* |
| 60 | **sessanta** | *ßeßanta* |
| 70 | **settanta** | *ßettanta* |
| 80 | **ottanta** | *ottanta* |
| 90 | **novanta** | *nowanta* |

| | | |
|---|---|---|
| 100 | **cento** | *tschänto* |
| 200 | **duecento** | *duetschänto* |
| 300 | **trecento** | *tretschänto* |
| 400 | **quattrocento** | *kwattrotschänto* |
| 500 | **cinquecento** | *tschinkwetschänto* |

| | | |
|---|---|---|
| 600 | **seicento** | *ße'itschänto* |
| 700 | **settecento** | *ßettetschänto* |
| 800 | **ottocento** | *ottotschänto* |
| 900 | **novecento** | *nowetschänto* |

| | | |
|---|---|---|
| 1000 | **mille** | *mille* |
| 5000 | **cinquemila** | *tschinkwemila* |
| 10000 | **diecimila** | *djätschimila* |
| 100000 | **centomila** | *tschäntomila* |
| 1000000 | **un milione** | *un miljone* |

## Ordnungszahlen

| | | |
|---|---|---|
| 1. | **primo, -a** | *primo* |
| 2. | **secondo, -a** | *ßekondo* |
| 3. | **terzo, -a** | *tertso* |
| 4. | **quarto, -a** | *kwarto* |
| 5. | **quinto, -a** | *kwinto* |
| 6. | **sesto, -a** | *ßeßto* |
| 7. | **settimo, -a** | *ßättimo* |
| 8. | **ottavo, -a** | *ottawo* |
| 9. | **nono, -a** | *nono* |
| 10. | **decimo, -a** | *detschimo* |

## Die Uhrzeit

| | | |
|---|---|---|
| **Sono le tre.** | Es ist drei (Uhr). | *ßono le tre* |
| **Sono le ...** | Es ist ... | *ßono le* |
| **... tre e cinque.** | ... fünf nach drei. | *tre e tschinkwe* |
| **... tre e dieci.** | ... zehn nach drei. | *tre e djätschi* |
| **... tre e un quarto.** | ... Viertel nach drei | *tre e un kwarto* |
| **... tre e venti.** | ... zwanzig nach drei. | *tre e wenti* |

| | | |
|---|---|---|
| *tre e wentitschinkwe* | **... tre e venticinque.** | ... fünf vor halb vier. |
| *tre e mädsa* | **... tre e mezza.** | ... halb vier |
| *tre e trentatschinkwe* | **... tre e trentacinque.** | ... fünf nach halb vier. |
| *kwattro meno wenti* | **... quattro meno venti.** | ... zwanzig vor vier. |
| *kwattro meno un kwarto* | **... quattro meno un quarto.** | ... Viertel vor vier. |
| *kwattro meno djätschi* | **... quattro meno dieci.** | ... zwanzig vor vier. |
| *kwattro meno tschinkwe* | **... quattro meno cinque.** | ... fünf vor vier. |
| *ßono le kwattro* | **Sono le quattro.** | Es ist vier (Uhr). |

## andere Zeitangaben

| | | |
|---|---|---|
| *fra poko* | **fra poco** | bald |
| *prima* | **prima** | vorher |
| *dopo* | **dopo** | danach, nachher |
| *poi* | **poi** | dann |
| *präßto* | **presto** | früh |
| *tardi* | **tardi** | spät |
| *oddschi* | **oggi** | heute |
| *järi* | **ieri** | gestern |
| *laltrojäri* | **l'altro ieri** | vorgestern |
| *ßämpre* | **sempre** | immer |
| *kwalke wolta* | **qualche volta** | manchmal |
| *ma'i* | **mai** | nie |
| *adäßo* | **adesso** | jetzt |
| *domani* | **domani** | morgen |
| *dopodomani* | **dopodomani** | übermorgen |
| *di mattina* | **di mattina** | morgens, vormittags |
| *a medsodschorno* | **a mezzogiorno** | mittags |

| | | |
|---|---|---|
| **di pomeriggio** | nachmittags | *di pomeridscho* |
| **di sera** | abends | *di ßera* |
| **di notte** | nachts | *di notte* |
| **spesso** | oft | *ßpeßo* |
| **di rado** | selten | *di rado* |
| **ogni giorno** | täglich | *onji dschorno* |
| **poco** | kürzlich | *poko* |
| **prima** | zuerst | *prima* |

## Wochentage

| | | |
|---|---|---|
| **lunedí** | Montag | *lunedi* |
| **martedí** | Dienstag | *martedi* |
| **mercoledí** | Mittwoch | *merkoledi* |
| **giovedí** | Donnerstag | *dschowedi* |
| **venerdí** | Freitag | *wenerdi* |
| **sabato** | Samstag | *ßabato* |
| **domenica** | Sonntag | *domenika* |
| **il giorno di festa** | Feiertag | *il dschorno di fäßta* |

## Monate

| | | | | |
|---|---|---|---|---|
| **gennaio** | Januar | **febbraio** | Februar | *dschenajo / febbrajo* |
| **marzo** | März | **aprile** | April | *martso / aprile* |
| **maggio** | Mai | **guigno** | Juni | *madscho / dschunjo* |
| **luglio** | Juli | **agosto** | August | *luljo / agoßto* |
| **settembre** | September | **ottobre** | Oktober | *ßettämbre / ottobre* |
| **novembre** | November | **dicembre** | Dezember | *nowämbre / ditschämbre* |

# Hauptwörter & Artikel

**Einzahl (Singular)**

Man unterscheidet im Italienischen nur zwischen männlich *(m)* und weiblich *(w)*. Ein sächliches Geschlecht wie im Deutschen gibt es nicht. Hauptwörter (Substantive), die auf **-o** enden, sind in der Regel männlich; sie haben in der Einzahl den Artikel **il.** Bei den auf **-a** endenden Hauptwörtern handelt es sich meist um weibliche Substantive, deren Artikel **la** lautet:

| | |
|---|---|
| **il pomodoro** | die Tomate |
| **il coltello** | das Messer |
| **il pezzo** | das Stück |

| | |
|---|---|
| **la forchetta** | die Gabel |
| **la tazza** | die Tasse |
| **la mela** | der Apfel |

Neben den auf **-o** und **-a** endenden Hauptwörtern existiert noch eine dritte Gruppe, die auf **-e** endet. Diese Substantive können männlich oder weiblich sein und nehmen dementsprechend **il** oder **la** als Artikel an.

| | |
|---|---|
| **il bicchiere** | das Glas |
| **il melone** | die Honigmelone |

| | |
|---|---|
| **la noce** | die Nuss |
| **la parte** | der Teil |

Ist der erste Buchstabe des Hauptwortes (egal ob männlich oder weiblich) ein Selbstlaut, verkürzt sich der Artikel zu **l':**

| | |
|---|---|
| **l'antipasto** | die Vorspeise |
| **l'infuso** | der Kräutertee |
| **l'oste** | der Gastwirt |

| | |
|---|---|
| **l'insalata** | der Salat |
| **l'uva** | die Traube |
| **l'acquavite** | der Schnaps |

Schließlich benutzt man füreine kleine Gruppe männlicher Hauptwörter den Artikel **lo.** Diese Substantive beginnen entweder mit einem **z** oder mit einem **s** + Konsonant:

| | |
|---|---|
| **lo zampone** | der gefüllte Schweinefuß |
| **lo spuntino** | der Imbiss |

**Mehrzahl (Plural)**

Die auf männliche Hauptwörter hinweisende Endung **-o** wird in der Mehrzahl zu **-i,** das bei weiblichen Substantiven auftauchende **-a** zu **-e**. Der männliche Pluralartikel lautet **i,** der weibliche **le.**

| | |
|---|---|
| **i pomodori** | die Tomaten |
| **i coltelli** | die Messer |
| **i pezzi** | die Stücke |

| | |
|---|---|
| **le forchette** | die Gabeln |
| **le tazze** | die Tassen |
| **le mele** | die Äpfel |

Bei auf Selbstlaut beginnenden Hauptwörtern heißt der männliche Artikel **gli,** der weibliche – wie vorher – **le.**

| | |
|---|---|
| **gli antipasti** | die Vorspeisen |
| **gli infusi** | die Kräutertees |
| **gli osti** | die Gastwirte |

| | |
|---|---|
| **le insalate** | die Salate |
| **le uve** | die Trauben |
| **le acquaviti** | die Schnäpse |

Die Hauptwörter auf **-e** enden im Plural auf **-i,** egal ob sie männlich oder weiblich sind. Für die Artikel gilt das oben Gesagte (also **i/gli** bzw. **le**).

| | |
|---|---|
| **i bicchieri** | die Gläser |
| **i meloni** | die Honigmelonen |

| | |
|---|---|
| **le noci** | die Nüsse |
| **le parti** | die Teile |

Die Hauptwörter, die in der Einzahl den Artikel **lo** haben, erhalten in der Mehrzahl **gli.**

| | |
|---|---|
| **gli zamponi** | die gefüllten Schweinefüße |
| **gli spuntini** | die Imbisse |

# Fürwörter

Da die italienischen Verbformen die handelnde Person bereits „in sich tragen", dienen die persönlichen Fürwörter vor allem der Betonung bzw. Hervorhebung oder der Vermeidung von Missverständnissen.

## Personalpronomen (Persönliche Fürwörter)

| | |
|---|---|
| **io** – ich | **noi** - wir |
| **tu** – du | **voi** - ihr |
| **lui/lei** - er/sie | **loro** - sie |

## Possessivpronomen (Besitzanzeigende Fürwörter)

| | | | |
|---|---|---|---|
| **il mio/ la mia** | mein(e) | **il nostro/ la nostra** | unser(e) |
| **il tuo/ la tua** | dein(e) | **il vostro/ la vostra** | euer(e) |
| **il suo/ la sua** | sein(e), ihr(e) | **il loro/ la loro** | ihr(e) |

und in der Mehrzahl:

| | |
|---|---|
| **i miei/le mie** | **i nostri/le nostre** |
| **i tuoi/le tue** | **i vostri/le vostre** |
| **i suoi/le sue** | **i loro/le loro** |

*Auch „den Besitz anzuzeigen" ist im Italienischen alles andere als schwierig. Man benötigt dazu lediglich den Artikel und das, selbstverständlich an das nachfolgende Hauptwort (eben den „Besitz") angeglichene, Fürwort.*

## Demonstrativpronomen (Hinweisende Fürwörter)

Die hinweisenden Fürwörter stimmen ebenfalls in Geschlecht und Zahl mit dem dazugehörigen Hauptwort überein. Sie stehen immer vor dem Substantiv.

**questo/questa** *(Ez, m/w)*
dieser, diese, dieses

**questi/queste** *(Mz, m/w)*
diese

oder, für Gegenstände, die sich nicht in unmittelbarer Nähe befinden:

**quel*/quella** *(Ez, m/w)*
dieser, diese, dieses dort/jener, jene, jenes

**quei*/quelle** *(Mz, m/w)*
diese dort/jene

*Die männlichen Formen tanzen hier ein wenig aus der Reihe, sie richten sich nach dem bestimmten Artikel des nachfolgenden Hauptwortes.*

| | | |
|---|---|---|
| **quel** | bei Artikel | **il** |
| **quello** | bei Artikel | **lo** |
| **quell'** | bei Artikel | **l'** |
| **quei** | bei Artikel | **i** |
| **quegli** | bei Artikel | **gli** |

In der Einzahl verlieren die hinweisenden Fürwörter oft den Endvokal und bekommen stattdessen einen Apostroph, wenn das nachfolgende Hauptwort mit einem Selbstlaut beginnt: **quest' - quell'.**

## Eigenschaftswörter

Eigenschaftswörter (Adjektive) stehen normalerweise nach dem Hauptwort, auf das sie sich beziehen und nach dem sie sich in Geschlecht *(m/w)* und Zahl *(Ez/Mz)* richten. So bekommen männliche Adjektive in der Regel die Endung **-o,** weibliche ein **-a.**

| | |
|---|---|
| **il pomodoro rosso** | die rote Tomate |
| **la mela rossa** | der rote Apfel |

Endet ein Adjektiv auf **-e,** kann es männlich und weiblich sein:

| | |
|---|---|
| **il coltello verde** | das grüne Messer |
| **la forchetta verde** | die grüne Gabel |

In der Mehrzahl verändern sich die Eigenschaftswörter nach denselben Regeln, die auch für die Hauptwörter gelten:

| | | |
|---|---|---|
| **o** | wird zu | **i** |
| **a** | wird zu | **e** |
| **e** | wird zu | **i** |

| | |
|---|---|
| **i pomodori rossi** | die roten Tomaten |
| **le mele rosse** | die roten Äpfel |

| | |
|---|---|
| **i coltelli verdi** | die grünen Messer |
| **le forchette verdi** | die grünen Gabeln |

Von einigen Farben wie **rosa** (rosa), **arancione** (orange), **blu** (blau) und **viola** (violett) existiert nur eine Form, die nicht verändert oder angeglichen wird.

## Die Farben (i colori)

| | | | |
|---|---|---|---|
| **bianco** | weiß | **giallo** | gelb |
| **rosso** | rot | **verde** | grün |
| **blu** | blau | **marrone** | braun |
| **grigio** | grau | **nero** | schwarz |
| **chiaro** | hell | **scuro** | dunkel |

## Einige andere nützliche Eigenschaftswörter

| | |
|---|---|
| **buono** | **cattivo** |
| gut | schlecht |
| **grande** | **piccolo** |
| groß | klein |
| **nuovo / giovane** | **vecchio** |
| neu / jung | alt |
| **lungo** | **corto** |
| lang | kurz |
| **bello** | **brutto** |
| schön | hässlich |
| **interessante** | **noioso** |
| interessant | langweilig |
| **a buon mercato** | **caro** |
| billig | teuer |
| **simpatico** | **antipatico** |
| sympathisch | unsympathisch |

| | |
|---|---|
| **veloce**<br>schnell | **lento**<br>langsam |
| **caldo**<br>warm | **freddo**<br>kalt |
| **facile**<br>einfach | **difficile**<br>schwierig |
| **ricco**<br>reich | **povero**<br>arm |
| **forte**<br>stark | **debole**<br>schwach |
| **intelligente**<br>klug | **stupido**<br>dumm |
| **vero**<br>wahr | **falso**<br>falsch |

## Steigern & Vergleichen

Hierzu braucht man eigentlich nur das Wörtchen **più** (=mehr), und schon kann's losgehen. Man stellt also **più** vor das Eigenschaftswort – und schon ist es gesteigert:

| | |
|---|---|
| **caro / cara**<br>teuer | **più caro / più cara**<br>teurer |
| **forte**<br>stark | **più forte**<br>stärker |

Wird nun noch der Artikel davorgestellt, erhält man den Superlativ (der/die schönste, der/die edelste).

# Tätigkeitswörter

Viele scheuen sich, die Tätigkeitswörter (Verben) in Angriff zu nehmen, weil sie dieses Kapitel für allzu komplex und schwierig halten. Halb so schlimm, wie wir gleich sehen werden! Es gibt drei Gruppen regelmäßiger Tätigkeitswörter im Italienischen – man erkennt sie an der Endung **-are, -ere** oder **-ire.**

**-are**

| | |
|---|---|
| **comprare** | kaufen |
| **ordinare** | bestellen |

**-ere**

| | |
|---|---|
| **prendere** | nehmen |
| **mettere** | stellen, legen |

**-ire**

| | |
|---|---|
| **aprire** | öffnen |
| **condire** | würzen, anmachen |

Was macht man nun damit? – Man trennt die Endung **(-are/-ere/-ire)** von der Grundform (Infinitiv) ab und hängt an den so erhaltenen Stamm die entsprechende, in der Tabelle unten aufgeführte Personalendung an. Die persönlichen Fürwörter braucht man im Italienischen nicht, da jede Form eine eigene Endung hat und somit klar ist, von wem die Rede ist. Nur wenn die Person besonders betont oder hervorgehoben oder ein Missverständnis vermieden werden soll, setzt man die Personalpronomen.

**comprare**

| | | | |
|---|---|---|---|
| (io) | compr-o | (noi) | compr-iamo |
| (tu) | compr-i | (voi) | compr-ate |
| (lui/lei) | compr-a | (loro) | compr-ano |

**prendere**

| | | | |
|---|---|---|---|
| (io) | prend-o | (noi) | prend-iamo |
| (tu) | prend-i | (voi) | prend-ete |
| (lui/lei) | prend-e | (loro) | prend-ono |

**aprire**

| | | | |
|---|---|---|---|
| (io) | apr-o | (noi) | apr-iamo |
| (tu) | apr-i | (voi) | apr-ite |
| (lui/lei) | apr-e | (loro) | apr-ono |

Eine Sonderstellung nehmen die Tätigkeitswörter auf **-ire** ein, da ein großer Teil von ihnen zwischen Stamm und Endung ein **-isc** einfügt (mit Ausnahme der 1. und 2. Person Mehrzahl). Bei welchen Verben dies der Fall ist, kann man nicht einfach so erkennen, am besten man prägt sich bei dieser Gruppe immer gleich die erste Person Einzahl mit ein. Zur Veranschaulichung hier noch:

**condire**

| | | | |
|---|---|---|---|
| **(io)** | **cond-isc-o** | **(noi)** | **cond-iamo** |
| **(tu)** | **cond-isc-i** | **(voi)** | **cond-ite** |
| **(lui/lei)** | **cond-isc-e** | **(loro)** | **cond-isc-ono** |

Die Höflichkeitsform bildet man mit der 3. Person, also **Lei,** wenn man sich an eine einzelne Person wendet, **Loro** bei mehreren Personen. Im heutigen Italienisch benutzt man häufig **voi** als Synonym für **Loro,** also als Höflichkeitsform in der Mehrzahl.

Hier noch einige unregelmäßige Verben:

**essere (sein)**

| | | | |
|---|---|---|---|
| **(io)** | **sono** | **(noi)** | **siamo** |
| **(tu)** | **sei** | **(voi)** | **siete** |
| **(lui/lei)** | **è** | **(loro)** | **sono** |

**avere (haben)**

| | | | |
|---|---|---|---|
| **(io)** | **ho** | **(noi)** | **abbiamo** |
| **(tu)** | **hai** | **(voi)** | **avete** |
| **(lui/lei)** | **ha** | **(loro)** | **hanno** |

### sapere (wissen)

| | | | |
|---|---|---|---|
| (io) | so | (noi) | sappiamo |
| (tu) | sai | (voi) | sapete |
| (lui/lei) | sa | (loro) | sanno |

### fare (machen)

| | | | |
|---|---|---|---|
| (io) | faccio | (noi) | facciamo |
| (tu) | fai | (voi) | fate |
| (lui/lei) | fa | (loro) | fanno |

### andare (gehen, fahren)

| | | | |
|---|---|---|---|
| (io) | vado | (noi | andiamo |
| (tu) | vai | (voi) | andate |
| (lui/lei) | va | (loro) | vanno |

## Modalverben

Bevor wir uns kurz dem Perfekt widmen, werfen wir erst noch einen Blick auf die sogenannten Modalverben: Tätigkeitswörter, die üblicherweise zusammen mit einem anderen, ihnen nachgestellten Verb auftreten, welches dann nicht gebeugt wird, also in der Grundform steht. Neben dem bereits bekannten **sapere** („wissen" oder „können" – im Sinne von: „eine Fähigkeit/ein Talent haben") sind dies:

**potere (können, dürfen)**

| | | |
|---|---|---|
| (io) | posso | (noi) possiamo |
| (tu) | puoi | (voi) potete |
| (lui/lei) | può | (loro) possono |

**volere (wollen)**

| | | |
|---|---|---|
| (io) | voglio | (noi) vogliamo |
| (tu) | vuoi | (voi) volete |
| (lui/lei) | vuole | (loro) vogliono |

**dovere (müssen, sollen)**

| | | |
|---|---|---|
| (io) | devo | (noi) dobbiamo |
| (tu) | devi | (voi) dovete |
| (lui/lei) | deve | (loro) devono |

## Passato Prossimo (Perfekt)

Sehr einfach zu bilden ist der mit dem deutschen Perfekt vergleichbare **passato prossimo.** Man benötigt dazu das Hilfsverb **avere** oder **essere** und das Partizip Perfekt des jeweiligen Verbes, das man erhält, indem man die bekannten Infinitivendungen wie folgt ersetzt:

| | | |
|---|---|---|
| -are | wird zu | -ato |
| -ere | wird zu | -uto |
| -ire | wird zu | -ito |

Also wird aus

**comprare** (kaufen) = **comprato,**

aus
**perdere** (verlieren) = **perduto**

und aus
**condire** (würzen) = **condito**

Die Unterscheidung zwischen **avere** und **essere** ist verhältnismäßig einfach, wobei man sich als Faustregel am Deutschen orientieren kann. Wird **avere** verwendet, bleibt das Partizip Perfekt unverändert, bei **essere** hingegen muss es wie ein Eigenschaftswort angeglichen werden.

| | |
|---|---|
| **ho comprato** | **abbiamo comprato** |
| **hai comprato** | **avete comprato** |
| **ha comprato** | **hanno comprato** |

| | |
|---|---|
| **sono andato** *(m)* / **sono andata** *(w)* | **siamo andati** *(m)* / **siamo andate** *(w)* |
| **sei andato** / **sei andata** | **siete andati** / **siete andate** |
| **è andato** / **è andata** | **sono andati** / **sono andate** |

# Fragen, auffordern & bitten

*Mit Hilfe dieser Modalverben kann man sich auch geschickt aus der Affäre ziehen, wenn man sich nicht sicher ist, wie ein Verb gebeugt (konjugiert) wird. Denn ob ich nun sage: „Ich gehe zum Markt.“ oder „Ich will/muss zum Markt gehen“, macht eigentlich nicht viel Unterschied, oder?*

Hier noch einige wichtige Vokabeln zum Fragen, Auffordern und Bitten:

## Fragewörter

| | | |
|---|---|---|
| **che?, cosa?** | *ke, koßa* | was? |
| **chi?** | *ki* | wer? |
| **come?** | *kome* | wie? |
| **quando?** | *kwando* | wann? |
| **quanto?** | *kwanto* | wie viel? |
| **dove?** | *dowe* | wo?, wohin? |
| **da dove?** | *da dowe* | woher? |
| **perché?** | *perke* | warum? |

## Auffordern & Bitten

**Vieni!/Venga!**
*wjäni/wänga*
Komm!/Kommen Sie!

**Prendi!/Prenda!**
*prändi/prända*
Nimm!/Nehmen Sie!

**Sieditì!/Si sieda!**
*ßjäditi/ßi ßjäda*
Setz dich!/Setzen Sie sich!

toscana
tuscany

sardinien
sardinia

sizilien

# Wörterliste Deutsch – Italienisch

*Die folgende Wortliste stellt einen kulinarischen Grundwortschatz dar. Folgende Abkürzungen werden verwendet:*

| | |
|---|---|
| **m** | *männlich (maskulin)* |
| **w** | *weiblich (feminin)* |
| **Ez** | *Einzahl* |
| **Mz** | *Mehrzahl* |

## A

**(Arzt-)Praxis** ambulatorio
**(Koch-)Topf** pentola
**(Sitz-)Platz** posto
**(Speise-)Eis** gelato
**(Vor-)Name** nome (m)
**100 Gramm** etto
**Aal** anguilla
**Abend** sera
**Abendessen** cena
**aber** ma
**aber** però
**abreisen, abfahren, wegfahren** partire
**abtrocknen** asciugare
**acht** otto
**achte(r)** ottavo
**achtzig** ottanta
**Alkohol** alcool (m)
**alkoholfrei** analcolico
**alles; ganz** tutto
**alt** vecchio
**Ambulanz; Erste Hilfe** pronto soccorso
**Ananas** ananasso
**anbieten; einladen** offrire
**andere(r)** altro
**anfangen, beginnen** cominciare
**Angebot** offerta
**anhören; zuhören** ascoltare
**ankommen** arrivare
**anschalten, einschalten** accendere
**anschauen; zuschauen** guardare
**antworten** rispondere
**Anzug, Kleid** abito
**Aperitiv** aperitivo
**Apfel** mela
**Apotheke** farmacia
**Appetit** appetito
**Aprikose** albicocca
**arbeiten** lavorare
**arm** povero
**Artikel** articolo
**Artischocke** carciofo
**Arzt** medico
**Aschenbecher** posacenere (m)
**Aubergine** melanzana
**auch nicht; nicht einmal** neanche
**auch nicht; nicht einmal** nemmeno
**auch** anche
**auf** su
**aufhören** smettere
**aufhören; beenden** finire
**aufräumen** mettere in ordine
**aufrichtig** sincero
**Aufschnitt** affettato
**Auge** occhio
**Ausgang** uscita
**ausgeben** spendere

**ausgehen; weggehen** uscire
**ausgezeichnet** eccellente
**ausschalten** spegnere
**außen; draußen; raus** fuori
**außerdem** inoltre
**außergewöhnlich** eccezionale
**aussteigen** scendere
**Auster** ostrica
**Auto, Wagen** macchina
**Autobahnrestaurant** autogrill

## B

**Bäcker** fornaio
**Bäckerei** panetteria
**Bäckerei** panificio
**Bad, Badezimmer** bagno
**Bahnhof** stazione (w)
**Baiser** meringa
**Banane** banana
**Bandnudeln** tagliatelle (w, Mz)
**Bank (Geld)** banca
**bar** a contanti
**Basilikum** basilico
**Bauch** pancia
**Bauch** ventre (m)
**Bauer** contadino
**Bauernhof** fattoria
**Baumwolle** cotone (m)
**Bedarf** bisogno
**bedecken** coprire
**Bedeutung** significato
**begreifen** comprendere
**Behälter, Gefäß** recipiente (m)
**Beilage** contorno
**Beruf** professione (w)
**Beschwerde, Reklamation** reclamo
**Besen** scopa
**besetzt; beschäftigt** occupato
**bestätigen** confermare
**Besteck** posate (w, Mz)
**bestellen** ordinare
**Bestellung** ordinazione (w)
**betrunken** ubriaco
**Bett** letto
**Bier (vom Fass)** birra (alla spina)
**billig** a buon mercato
**Birne** pera
**bis** fino a
**bis** sino a
**Bissen** boccone (m)
**bissfest** al dente
**bitter; Magenbitter** amaro
**blau** blu
**bleiben** restare
**bleiben** rimanere
**blind** cieco
**blond** biondo
**Blumenkohl** cavolfiore (m)
**Blut** sangue (m)
**Bohnen** fagioli (m, Mz)
**Bonbon** caramella
**Braten; gebraten** arrosto
**brauchen** avere bisogno
**braun** bruno
**braun** marrone
**Brei** pappa
**breit; weit** largo
**Brieftasche** portafoglio
**bringen, tragen** portare
**Broccoli** broccoli (m)
**Brot** pane (m)
**Brötchen** panino
**Brotzeit** merenda
**Brühe** brodo
**Brust** petto
**brutto** lordo
**bügeln** stirare
**Bund, Strauß** mazzetto
**Bürste** spazzola
**Bus** autobus (m)
**Butter** burro

## C

**Creme** crema
**Croissant** cornetto

## D

**Darm** intestino
**Dattel** dattero
**Deckel** coperchio
**denken** pensare
**Diät** dieta
**dick** grosso
**dickflüssig** denso

**diese/dieser** questa/questo
**doppelt** doppio
**Dorf; Land** paese (m)
**Dose, Büchse** lattina
**Dose, Büchse, Schachtel** scatola
**Dosenöffner** apriscatole (m)
**Dosis** dose (w)
**drei** tre
**dreißig** trenta
**dritte(r)** terzo
**du** tu
**Duft; Geruch; Parfum** profumo
**dumm** stupido
**dunkel** scuro
**dünn; fein** sottile
**dünne Bandnudeln** fettuccine (w, Mz)
**dünnes Schnitzel** fettina
**dünngeschnittenes rohes Rindfleisch** carpaccio
**Durchfall** diarrea
**durchsichtig** trasparente
**Durst** sete (w)
**Dutzend** dozzina

## E

**Ei** uovo
**Eigentümer, Besitzer, Inhaber** proprietario
**Eimer** secchio
**ein bisschen** un po'
**ein** un/una/uno
**einfach** facile
**Eingang; Eintritt** entrata
**einheimisch, aus der Region** nostrano
**Einkauf** spesa
**einkaufen** fare la spesa
**einladen** invitare
**Einrichtung** arredamento
**einsteigen** salire
**Eis (gefrorenes Wasser)** ghiaccio
**Eis mit kandierten Früchten** cassata
**Eisdiele** gelateria
**Ekel** schifo
**empfindlich** sensibile
**eng; schmal** stretto
**englisch, blutig (Fleisch)** al sangue
**entdecken** scoprire
**Ente** anatra
**entscheiden** decidere
**er** lui
**Erbsen** piselli (m, Mz)
**Erdbeere** fragola
**Erde** terra
**Erdnüsse** noccioline (w, Mz)
**Erfolg** successo
**Erinnerung; Andenken** ricordo
**Ernährung** alimentazione (w)
**erste(r); erster Gang (Pasta, Risotto oder Suppe)** primo
**erwärmen, aufwärmen** riscaldare
**essen** mangiare
**Essig** aceto
**Esszimmer** camera da pranzo

## F

**fad** insipido
**Fahrstuhl** ascensore (m)
**fallen, abnehmen** diminuire
**falls; wenn** se
**falsch** falso
**Familienname** cognome (m)
**Farbe** colore (m)
**fehlen** mancare
**Feige** fico
**Fenchel** finocchio
**Ferien** ferie (w, Mz)
**fett; Fett** grasso
**Feuer** fuoco
**Feuerzeug** accendino
**Filet** filetto
**finden** trovare
**Fisch** pesce (m)
**(Fisch-)Vergiftung** avvelenamento (da pesce)
**Fladenbrot** focaccia
**Flamme** fiamma
**Flasche** bottiglia
**Flaschenöffner** apribottiglie (m)
**Fleisch** carne (w)
**Fleischspieß** spiedino
**flüssig** liquido
**Fondue** fonduta

**Forelle** trota
**fragen** chiedere
**fragen** domandare
**frei** libero
**Frikadelle** polpetta
**frisch** fresco
**frischgepresster Saft** spremuta
**Frischkäse** ricotta
**Frucht** frutto
**Fruchtfleisch** polpa
**früh** presto
**Frühling** primavera
**Frühstück** colazione (w)
**frühstücken** fare colazione
**fühlen; hören; riechen** sentire
**füllen** farcire
**füllen** imbottire
**füllen** riempire
**fünf** cinque
**fünfte(r)** quinto
**fünfzig** cinquanta
**für; wegen** per

## G

**Gabel** forchetta
**Garnelen** gamberetti (m, Mz)
**Garten** giardino
**Gastwirt** oste (m)
**gebacken, frittiert** fritto
**gebacken, überbacken** al forno
**geben** dare
**Gedeck** coperto
**geeignet, passend** adatto
**gefallen; schmecken** piacere
**Gefühl** sentimento
**gefüllt** farcito
**gefüllt** imbottito
**gefüllt** ripieno
**gefüllte Pizza, „zusammengeklappt"** calzone (m)
**gegen** contro
**Gegenteil** contrario
**gegenüber** di fronte a
**gegrillt** alla griglia
**gehen, fahren** andare
**geizig** avaro
**gekocht** cotto
**gelb** giallo
**Geld** denaro
**Geld** soldi (m, Mz)
**Geldbeutel** borsellino
**Geldschein; Eintrittskarte** biglietto
**gemahlen** macinato
**gemischt** misto
**Gemüse** verdura
**Gemüsesuppe** minestrone (m)
**genügen, ausreichen** bastare
**geöffnet** aperto
**geräuchert** affumicato
**Gericht aus Auberginen, Paprika, Tomaten und Öl** caponata
**Gericht aus der Region** piatto tipico
**gerieben** grattugiato
**gering; spärlich** scarso
**geröstet** tostato
**geröstete Brotscheibe mit Öl, Salz, Knoblauch und Tomaten** bruschetta
**Geruch** odore (m)
**Geschäft; Laden** negozio
**geschälte Tomaten** pelati (m, Mz)
**Geschenk** regalo
**Geschirr** stoviglie (w, Mz)
**geschlossen** chiuso
**Geschmack** gusto
**Geschmack** sapore (m)
**gestern** ieri
**gesund** sano
**Getränk** bevanda
**Getränk** bibita
**getränkt** imbevuto
**Getreide** cereali (m, Mz)
**Gewicht** peso
**Gewürze** spezie (w, Mz)
**gewürzt** condito
**Glas (Material)** vetro
**Glas** bicchiere (m)
**Gläschen** bicchierino
**glatt** liscio
**glauben** credere
**Gleis** binario
**Gold** oro
**Gramm** grammo
**Grapefruit** pompelmo
**grau** grigio
**Grill** griglia
**groß** grande
**grün** verde

**grüne Bohnen** fagiolini (m, Mz)
**Gulasch** spezzatino
**günstig, preiswert** economico
**Gurke** cetriolo
**gut** bene, buono

## H

**haben** avere
**Hackbraten** polpettone (m)
**hacken** tritare
**Hackfleisch** carne tritata
**Hafen** porto
**Hähnchen** pollo
**halb** mezzo
**halbgefrorener Kuchen** semifreddo
**Hälfte** metà
**halten** tenere
**Hammel** montone (m)
**Hand** mano (w)
**Handel** commercio
**Handtasche** borsetta
**Handtuch** asciugamano
**hart; zäh** duro
**hartes Mandelgebäck aus der Toscana** cantuccini (m, Mz)
**Haselnuss** nocciola
**hässlich** brutto
**Haufen** mucchio
**Haus** casa
**Hausfrau** casalinga
**hausgemacht** casareccio
**hausgemacht** fatto in casa
**Haut; Leder** pelle (w)
**Hefe** lievito
**heißen** chiamarsi
**helfen** aiutare
**hell (Farbe)** chiaro
**Herbst** autunno
**Hering** aringa
**Herkunftsbezeichnung beim Wein** DOC (denominazione di origine controllata)
**heute** oggi
**Himbeere** lampone (m)
**hinter** dietro
**hinzufügen** aggiungere
**hoch** alto
**Höchstmaß, Maximum** massimo
**hoffen** sperare
**Holz** legno
**Honig** miele (m)
**Honigmelone** melone (m)
**Hörnchen, Gebäckstück** brioche (w)
**Hotel** albergo
**Hülsenfrüchte** legumi (m, Mz)
**hundert** cento
**hundertste(r)** centesimo
**Hunger** fame (w)
**Hygiene** igiene (w)

## I

**ich** io
**ihr, Sie (Anrede Mz)** voi
**Imbiss** spuntino
**imposta sul valore aggiunto = Mehrwertsteuer** IVA
**in Essig eingelegtes Gemüse** sottaceti (m, Mz)
**in Öl gebackene Fische** frittura di pesce
**in; nach (örtlich)** in
**in; nach; zu** a
**inbegriffen** compreso
**Inhalt** contenuto
**innen; drinnen; rein** dentro
**Innereien** frattaglie (w, Mz)
**interessant** interessante

## J

**Jahr** anno
**jene/jener** quella/quello
**Johannisbeere** ribes (m)
**jung** giovane

## K

**Kabeljau** merluzzo
**Kaffee** caffè (m)

**Kaffeelöffel, Teelöffel** cucchiaino
**Kaffeemaschine** caffettiera
**Kaffeemühle** macinino
**Kalb(fleisch)** vitello
**Kalbshaxe in Scheiben** ossobuco
**Kalbsschnitzel** scaloppina
**kalt** freddo
**Kamillentee** camomilla
**Kaninchen** coniglio
**Kapern** capperi (m, Mz)
**Karotte** carota
**Kartoffel** patata
**Kartoffelklößchen** gnocchi (m, Mz)
**Käse** formaggio
**Kasse** cassa
**kaufen** comprare
**kaum; sobald** appena
**Kehle** gola
**Keks** biscotto
**Keller** cantina
**Kellner, Ober** cameriere (m)
**Kerze** candela
**Keule** coscia
**Kilo** chilo
**Kilometer** chilometro
**Kind, kleiner Junge** bambino
**Kirsche** ciliegia
**klein** piccolo
**kleiner in Rum getränkter Kuchen** babà (m)
**Kleingeld** spiccioli (m, Mz)
**Knoblauch** aglio
**Knochen** osso
**Knödel** canederlo
**knusprig** croccante
**Koch** cuoco
**kochen (ein Gericht zubereiten)** cucinare
**kochen (Wasser)** bollire
**kochen, garen** cuocere
**Koffer** valigia
**Kohl** cavolo
**Kokosnuss** noce (w) di cocco
**kommen** venire
**Konditorei** pasticceria
**können; dürfen** potere
**Konserve** conserva
**Kopf** testa
**Kopfsalat** lattuga
**Korken** tappo
**Korkenzieher** cavatappi (m)
**kosten, probieren** assaggiare
**köstlich** squisito
**Kotelett** costoletta
**kräftig** robusto
**krank** ammalato
**krank** malato
**Krankenhaus** ospedale (m)
**Krankheit** malattia
**Krapfen** bombolone (m)
**Kräuter** erbe (w, Mz)
**Kräutertee** tisana
**Kräutertee; Aufguss** infuso
**Krebs** gambero
**Küche; Herd** cucina
**Kühlschrank** frigo(rifero)
**Kümmel** cumino
**Kunde** cliente *(m/w)*
**Kürbis** zucca
**kurze Röhrennudeln** penne (w, Mz)
**Kutteln** trippa

## L

**Lachs** salmone (m)
**Lager** magazzino
**Lamm** agnello
**lang** lungo
**Languste** aragosta
**lassen** lasciare
**Lauch** porro
**lauwarm** tiepido
**Lebensmittel, Lebensmittelgeschäft** alimentari (m, Mz)
**Leber** fegato
**leer** vuoto
**leicht** leggero
**leichter Hefekuchen in Zylinderform, bes. zur Weihnachtszeit** panettone (m)
**Lende** lombata
**lernen** imparare
**lernen** studiare

**lesen** leggere
**letzte(r)** ultimo
**Licht** luce (w)
**Liebe** amore (m)
**lieben** amare
**lieber mögen** preferire
**liefern** consegnare
**Likör** liquore (m)
**Limonade** gassosa
**links** a sinistra
**Lippe** labbro
**Lire** L.
**Liter** litro
**Löffel** cucchiaio
**lose, offen (Lebensmittel)** sciolto
**Lösung** soluzione (w)
**Lust** voglia

## M

**machen; tun** fare
**Magen** stomaco
**Magenprobleme** disturbi gastrici (m, Mz)
**mager; dünn** magro
**Magermilch** latte magro
**Mahlzeit** pasto
**Mais** gran(o)turco
**Maisbrei** polenta
**man** si
**Mandarine** mandarino
**Mandel** mandorla
**Mann; Mensch** uomo
**Margarine** margarina
**mariniert** marinato
**Markt** mercato
**Marmelade** marmellata
**Maß** misura
**Material** materiale (m)
**Mayonnaise** maionese (w)
**Meeresfrüchte** frutti (m, Mz) di mare
**Mehl** farina
**mehr** più
**Menge** quantità
**merkwürdig; seltsam** strano
**messen** misurare
**Messer** coltello
**Metall** metallo
**Meter** metro
**Metzgerei** macelleria
**Miesmuscheln** cozze (w, Mz)
**Miete** affitto
**Milch** latte (m)
**Milchkaffee** caffel(l)atte (m)
**Milchlamm** abbacchio
**Milchshake** frullato
**Millimeter** millimetro
**Million** milione (m)
**Mindestmaß, Minimum** minimo
**Mineralwasser** acqua minerale
**Minute** minuto
**Minze** menta
**mischen, umrühren** mescolare
**Mischung** miscela
**mit Basilikum und Pinienkernen** al pesto
**mit Butter** al burro
**mit Ei und Speck** alla carbonara
**mit Fleischsoße** al sugo
**mit Kohlensäure** gassato
**mit Meeresfrüchten** alla marinara
**mit Oliven, schwarzem Pfeffer und Kapern** alla puttanesca
**mit Sahne** alla panna
**mit scharfer Tomatensoße** all'arrabbiata
**mit Tomatensoße** al pomodoro
**mit Tomatensoße, Speck und Zwiebeln** all'amatriciana
**mit** con
**Mittag** mezzogiorno
**Mittagessen** pranzo
**Mitternacht** mezzanotte (w)
**Mixer** frullatore (m)
**möglich** possibile
**Monat** mese (m)
**morgen** domani
**Morgen** mattino
**müde** stanco
**Mund** bocca
**Münze** moneta
**Mürbteigkuchen mit Marmeladenfüllung** crostata
**müssen; schulden** dovere

## N

**nach (zeitlich)** dopo
**nach Hausfrauenart** alla casalinga
**Nachmittag** pomeriggio
**Nachspeise** dessert (m)
**Nase** naso
**neben** accanto
**nehmen** prendere
**Nektarine** pesca noce
**nett** simpatico
**netto** netto
**neu** nuovo
**neun** nove
**neunte(r)** nono
**neunzig** novanta
**nicht** non
**nichts** niente
**nie** mai
**nie(mals)** giammai
**niedrig** basso
**niemand** nessuno
**Nieren** rognoni (m, Mz)
**noch nicht** non ancora
**noch** ancora
**notwendig, nötig** necessario
**Nudeln, Nudelgericht; Gebäckstück; Teig** pasta
**Nudelsoße** sugo
**nur; erst** solo
**nur; erst** soltanto
**Nuss** noce (w)
**nützlich, hilfreich** utile

## O

**Obst** frutta
**Obstsalat** macedonia
**Ochse** buc (m)
**Ofen** forno
**offen (Wein), lose (nicht verpackt)** sfuso
**öffnen** aprire
**oft; dick** spesso
**ohne** senza
**Ohr** orecchio
**Öl** olio
**Oliven** olive (w, Mz)
**Olivenöl** olio d'oliva
**Omelette** frittata
**Orange** arancia
**orange** arancione
**Orangenlimonade** aranciata
**Oregano** origano
**Orgel** organo

## P

**Packung** confezione (w)
**Paket** pacco
**panieren** impanare
**Paprikaschote** peperone (m)
**Parmesan** parmigiano
**Partie; Teil** parte (w)
**Pass** passaporto
**Pause** intervallo
**Personalausweis** carta d'identità
**Petersilie** prezzemolo
**Pfanne** padella
**Pfannkuchen** frittella
**Pfeffer** pepe (m)
**pfeffern** pepare
**Pfefferschote** peperoncino
**Pferdefleisch** carne equina
**Pfirsich** pesca
**Pflaster** cerotto
**Pflaume** prugna
**Pilze** funghi (m, Mz)
**Plastik** plastica
**Platz (Stadt)** piazza
**Pommes Frites** patate fritte (w, Mz)
**Portion** porzione (w)
**Praline** cioccolatino
**Preis** prezzo
**prickelnd, sprudelnd** frizzante
**Prise** pizzico
**probieren; versuchen** provare
**Prost!** Salute!
**Pudding** budino
**Püree** passato
**putzen; säubern** pulire

## Q

**Qualität** qualità

## R

**rauchen** fumare
**rauh** ruvido
**rechnen** calcolare
**Rechnung** conto

**rechts** a destra
**reich** ricco
**reif** maturo
**Reis** riso
**Reise** viaggio
**Reisebüro** agenzia viaggi
**reisen** viaggiare
**Reisgericht** risotto
**reservieren; buchen** prenotare
**Reservierung** prenotazione (w)
**Rest** resto
**Restaurant** ristorante
**Rezept** ricetta
**richtig; gerecht** giusto
**Rind(fleisch)** manzo
**Roggen** segale (w)
**roh** crudo
**rosa** rosa
**Rosenkohl** cavolo di Bruxelles
**Rosine** uva passa
**rot** rosso
**Rotwein** vino rosso
**Roulade** involtino
**runder Laib Brot** pagnotta

## S

**Sache, Ding** cosa
**Saft** succo
**saftig** succoso
**sagen** dire
**Sahne** panna
**Saison; Jahreszeit** stagione (w)
**Salat** insalata
**Salbe** pomata
**Salbei** salvia
**Salz** sale (m)
**salzen** salare
**salzig** salato
**Sandwich** tramezzino
**Sardellen** acciughe (w, Mz)
**sauber** pulito
**sauer** acido
**Sauerkraut** crauti (m, Mz)
**Schaf** pecora
**Schafkäse** pecorino
**Schale** buccia
**schälen** pelare
**Schalter** sportello
**scharf (gewürzt)** piccante
**Scheck** assegno
**Scheibe** fetta
**schenken** regalare
**Schinken** prosciutto
**Schlafzimmer** camera da letto
**Schlagsahne** panna montata
**schlank** snello
**schlecht** cattivo
**schlecht** male
**schließen** chiudere
**Schluck** sorso
**Schlüssel** chiave (w)
**schmackhaft** saporito
**Schmetterlingsnudeln** farfalle (w, Mz)
**Schmorbraten** stufato
**schmutzig** sporco
**Schnaps** acquavite (w)
**schneiden** tagliare
**Schnellimbiss** tavola calda
**Schnittlauch** cipollina
**Schokolade (Getränk & Süßigkeit)** cioccolata
**schön** bello
**schreiben** scrivere
**Schulden** debiti m/pl
**Schule** scuola
**Schüssel** ciotola
**Schüssel** scodella
**schwach** debole
**schwarz** nero
**Schwein(efleisch)** maiale (m)
**schwer** pesante
**Schwertfisch** pesce (m) spada
**schwierig** difficile
**sechs** sei
**sechste(r)** sesto
**sechzig** sessanta
**Seeteufel** coda di rospo
**Seezunge** sogliola
**sehen** vedere
**Seife** sapone (m)
**sein** essere
**sein; bleiben** stare
**Sekt** spumante (m)
**Senf** senape (w)
**Serviette** tovagliolo
**sich erinnern** ricordarsi
**sich waschen** lavarsi
**sicher** sicuro
**sie** (Mz); **Sie (Anrede Mz)** loro
**sie; Sie (Anrede Ez)** lei
**sieben** sette
**siebte(r)** settimo

**siebzig** settanta
**Silber** argento
**singen** cantare
**Sinn** senso
**so** così
**Sommer** estate (w)
**Sonne** sole (m)
**Soße** salsa
**so viel** tanto
**Spanferkel** porchetta
**sparen** risparmiare
**Spargel** asparagi (m, Mz)
**spät** tardi
**Spaziergang** passeggiata
**Speck** lardo
**Speise** cibo
**Speisekarte; Menü** menù (m)
**Speisekarte; Papier** carta
**Spezialität** specialità
**Spiegel** specchio
**Spiegelei** uovo al tegamino
**Spinat** spinaci (m, Mz)
**Spiralnudeln** fusilli (m, Mz)
**Sprache; Zunge** lingua
**sprechen** parlare
**Stachel; Gräte; (Elektro-)Stecker** spina
**Stadt** città
**Stadtplan** pianta della città
**Stadtviertel** quartiere (m)
**stark; kräftig** forte
**statt** invece di
**Steak** bistecca
**steigen, zunehmen** aumentare
**Steinbutt** rombo
**Steinpilze** porcini (m, Mz)
**stellen; legen** mettere
**Steuerbeleg, den ein Gast ggf. vorzeigen muss** ricevuta fiscale
**Stockfisch** baccalà (m)
**Straße** strada
**Streichholz** fiammifero
**Strohhalm** cannuccia
**Stück** pezzo
**Stuhl** sedia
**Stunde** ora
**suchen** cercare
**Supermarkt** supermercato
**Suppe** minestra
**Suppe** zuppa
**süß; Süßspeise** dolce
**süßen** dolcificare
**Süßstoff** dolcificante (m)

## T

**Tabak** tabacco
**Tablett** vassoio
**Tablette** compressa
**Tablette** pastiglia
**Tag** giorno
**Tagesgericht** piatto del giorno
**Tasche** borsa
**Tasse** tazza
**Taste** tasto
**tauschen, umtauschen, austauschen, wechseln** cambiare
**tausend** mille
**tausendste(r)** millesimo
**Tee** tè (m)
**Teegebäck** pasticcini (m, Mz)
**Teller; Gericht; Gang (Essen)** piatto
**Temperatur** temperatura
**teuer** caro
**Thunfisch** tonno
**tief** profondo
**tiefgefroren** surgelato
**Tiefkühlkost** surgelati (m, Mz)
**Tintenfische** calamari (m, Mz)
**Tisch** tavola
**Tischdecke** tovaglia
**toasten, rösten** tostare
**Toaster** tostapane (m)
**Toilette** gabinetto
**Toilettenpapier** carta igienica
**Tomate** pomodoro
**Torte** torta
**transportieren** trasportare
**Traube** uva
**traurig** triste
**trinkbar** potabile
**trinken** bere
**Trinkgeld** mancia
**Trinkwasser** acqua potabile

**trocken** secco
**Tropfen** goccia
**Trüffel** tartufo
**Truthahn** tacchino

## U

**über** sopra
**überbackene geschichtete Nudelblätter** lasagne (w, Mz)
**übermorgen** dopodomani
**überraschen** sorprendere
**Uhr** orologio
**umrühren** rimestare
**und** e
**unmöglich** impossibile
**unsympathisch** antipatico
**unter** sotto
**Unterkunft** alloggio
**Unwohlsein** malessere (m)
**Urlaub** vacanze (w, Mz)

## V

**Vase** vaso
**vegetarisch** vegetariano
**Venusmuscheln** vongole (w, Mz)
**verbrauchen** consumare
**verbringen; vorbeigehen** passare
**Verdauungsschnaps** digestivo
**verdienen (Geld)** guadagnare
**verdorben** guasto
**vergeblich** invano
**vergessen** dimenticare
**verkaufen** vendere
**verlieren** perdere
**Verspätung** ritardo
**verstehen** capire
**viel** molto
**vier** quattro
**viereckige gefüllte Teigtaschen** ravioli (m, Mz)
**vierte(r); Viertel (Wein)** quarto
**vierzig** quaranta
**voll** pieno
**Vollkornbrot** pane (m) integrale
**Vollmilch** latte intero
**vom Grill/Rost** ai ferri
**von; aus** da
**von; aus** di
**vor (örtlich)** davanti a
**vor (zeitlich)** prima di
**vorgestern** ieri l'altro
**Vormittag** mattina
**Vorspeise** antipasto

## W

**Waage** bilancia
**Waffel** cialda
**während** durante
**während** mentre
**wann?** quando?
**Ware** merce (w)
**warm** caldo
**warten** aspettare
**warum?** perché?
**was?** che (cosa)?
**was?** cosa?
**Wäsche** biancheria
**waschen** lavare
**Wasser** acqua
**Wasserkocher** bollitore (m)
**Wassermelone** cocomero
**Wecker** sveglia
**weder ... noch ...** né ... né ...
**weich** morbido
**weil** perché
**Wein** vino
**Weinschaumcreme** zabaione (m)
**weiß** bianco
**Weißwein** vino bianco
**weitermachen** continuare
**Weizen** frumento
**welche(r)?** quale?
**wenig** poco
**weniger** meno
**wenn (zeitlich)** quando
**wer?** chi?
**wertvoll, kostbar** prezioso
**wie?** come?
**wieder** di nuovo
**wiederfinden** ritrovare
**wiederkehren** ritornare
**wiedersehen** rivedere
**wiegen** pesare

**wie viel** quanto
**Wild(bret)** cacciagione (w)
**Wild(bret)** selvaggina
**Wildschwein** cinghiale (m)
**Windbeutel** profiterole (m)
**Winter** inverno
**wir** noi
**wissen; können** sapere
**wo?** dove?
**Woche** settimana
**wohnen** abitare
**Wohnung** appartamento
**Wohnzimmer** salotto
**Wohnzimmer** soggiorno
**wollen** volere
**Wort** parola
**wunderbar** meraviglioso
**Wurst, Würstchen** salsiccia
**würzen, anmachen** condire

## Z

**zahlen; bezahlen** pagare
**Zahnbürste** spazzolino da denti
**Zahnstocher** stuzzicadenti (m)
**Zäpfchen** supposta
**zart, weich** tenero
**zehn** dieci
**zehntausend** diecimila
**zehnte(r)** decimo
**Zeit; Takt; Wetter** tempo
**Zentimeter** centimetro
**zerstoßenes Wassereis** granita
**Ziege** capra
**Ziegenkäse** caprino
**ziemlich viel** parecchio
**ziemlich** abbastanza
**Zigarette** sigaretta
**Zigarre** sigaro
**Zimmer** camera
**Zimmer** stanza
**Zitrone** limone (m)
**Zitronenlikör** limoncello
**Zitronenlimonade** limonata
**Zitrusfrüchte** agrumi (m, Mz)
**zu Abend essen** cenare
**zu Mittag essen** pranzare
**Zubehör** accessori (m, Mz)
**zubereiten** preparare
**Zucchini** zucchine (w, Mz)
**Zucker** zucchero
**zuerst** prima
**zufrieden** contento
**Zug** treno
**zurückgeben** rendere
**Zutaten** ingredienti (m, Mz)
**zu viel** troppo
**zwanzig** venti
**zwecklos** inutile
**zwei** due
**zweitausend** duemila
**zweite(r); zweiter Gang (Fleisch oder Fisch); Sekunde** secondo
**Zwieback** fetta biscottata
**Zwiebel** cipolla
**zwischen** fra
**zwischen** tra

# Wortregister Italienisch

*Hier sind fast alle italienischen Wörter und Begriffe, die in diesem Buch vorkommen, noch einmal in alphabetischer Reihenfolge aufgelistet. Die Zahlen hinter den Einträgen verweisen auf die Seiten, auf denen die Wörter zu finden sind.*

## A



## B



## C

## S



## T



## U, V



## Z

# Der Autor

**Michael Blümke:** „Sprachen und klassische Musik – seit jeher meine großen Leidenschaften. Glücklicherweise gelang es mir, beide zu meinem Beruf zu machen. Als Dozent, Übersetzer, Lektor, Journalist und Buchautor konnte ich sowohl meiner Liebe zu den Sprachen wie auch der zur klassischen Musik frönen. Seit 1999 bin ich als PR Manager für ein bekanntes Klassiklabel tätig.“

Von Michael Blümke sind außerdem im Reise Know-How Verlag erschienen:

**Italienisch Slang**
*Kauderwelsch Band 97*
ISBN 978-3-89416-300-6

**ReiseWortSchatz Spanisch**
ISBN 978-3-89416-598-7

4

Kauderwelsch

Michael Blümke

# Italienisch Slang

das andere Italienisch

© antoinemonat, Fotolia.com

# Italienisch Slang

## Einleitung



## Konversation

**Anhang**

# Prefazione

Cara lettrice, caro lettore,

Se proprio in questo momento stai in libreria riflettendo se comprare questo volumetto o no, vorrei darti un consiglio: compralo, sennò te ne pentirai di sicuro!

Perché? Perché sulle seguenti pagine troverai tutto ciò che da sempre volevi sapere sul gergo italiano ... e non sei mai riuscita/riuscito a trovare in nessun altro libro.

Bada però che qui diciamo pane al pane e vino al vino! (Altrimenti che senso avrebbe questo tomo?)

È chiaro che alcune delle espressioni qui raggruppate non le useresti mai – ma conviene conoscerle almeno per conoscere la lingua italiana in tutta la sua ricchezza.

Allora, cosa aspetti? Alla cassa! E poi: Buon divertimento!

## Zum Geleit

Liebe Leserin, lieber Leser,

wenn Sie gerade in der Buchhandlung stehen und überlegen, ob Sie diesen kleinen Band kaufen sollen oder nicht, möchte ich Ihnen einen Rat geben: kaufen Sie ihn, sonst werden Sie es bestimmt bereuen.

Warum? Weil Sie auf den folgenden Seiten all das finden werden, was Sie schon immer über den italienischen Slang wissen wollten, aber bisher in keinem anderen Buch finden konnten.

Aber aufgepasst, hier werden die Dinge beim Namen genannt! (Welchen Sinn hätte so ein Band sonst auch?) Natürlich würden Sie einige der hier aufgeführten Ausdrücke nie benutzen – aber man sollte sie zumindest verstehen. Also, zögern Sie nicht länger! Zur Kasse! Und dann: Viel Vergnügen!

© fotografiche-eu, Fotolia.com

# Vorwort

In den sieben Jahren, die ich als Lehrer tätig war, stellte ich immer wieder eines fest: Das größte Interesse beim Erlernen einer Fremdsprache gilt meist den Wörtern und Ausdrücken, die in keinem Lehr- oder Wörterbuch zu finden sind.

Ich empfand das stets als etwas sehr Positives, zeigt es doch, dass vielen Lernern die Gefahr einer zu papierenen, also realitätsfernen Ausdrucksweise sehr wohl bewusst ist.

Nur, was nutzt dieses Interesse, wenn man viel zu wenig Möglichkeit hat, es zu vertiefen?

So entstand dieses Italo-Slang-Wörterbuch. Es war mir hierbei wichtig, Wörter und Formulierungen aufzulisten, die auch tatsächlich verwendet werden, und nicht eine Ansammlung von veraltetem oder „gesellschaftsfähigem" Vokabular zu erstellen. Außerdem habe ich versucht, die italienischen Ausdrücke im Deutschen durch Formulierungen wiederzugeben, die ihnen im Sinn und Gefühlsgehalt (und der Intensität natürlich) am engsten entsprechen, weshalb ich auch auf zusätzliche Anmerkungen wie vulgär, beleidigend usw. verzichtet habe – die im Deutschen gewählte Sprachebene ist hier in Verbindung mit der wörtlichen Übersetzung gewiss Hinweis genug. Doch nun viel Spaß beim Schmökern.

# Gebrauchsanweisung

Diese Wort- und Phrasensammlung könnte man in zwei Teile gliedern: Es geht los mit typisch italienischen Ausdrücken, denen man in bestimmten Situationen begegnen wird, z.B. im Straßenverkehr, in der Bar etc. Das sind nicht immer Slang-Ausdrücke.

Im zweiten Teil geht es dann um die echte Umgangssprache. Wiederum grob nach Situationen sortiert, aber Überschneidungen ließen sich nicht immer vermeiden. Zu diesem zweiten Teil möchte ich Folgendes anmerken.

Wissenschaftlich gesehen ist Slang eine „Low-Level-Sprache", die ausschließlich von unteren sozialen Schichten gesprochen wird, da ihnen die „Hochsprache" nicht geläufig ist. Ich verstehe Slang anders und zwar als Sprache, die von den Leuten im alltäglichen Leben gesprochen wird, wenn man nicht auf Etikette achten muss. Da wimmelt es von „Spezialausdrücken" und „unfeinen" Wörtern. Gerade bei letzteren ist es nötig, recht genau zu differenzieren. Auch bei uns kann ja z. B. das Wort „Scheißkerl" (je nach Situation und angesprochener Person) mal durchaus freundlich, mal höchst beleidigend sein. Auch werden sich zwei Männer an der Theke anderer Ausdrücke für Frauen bedienen als dann, wenn eine Vertreterin des anderen Geschlechts zuhört.

Solange man in einer Gruppe diese Sprache gebraucht, hat sie auch ihre Berechtigung. Wenn man erst einmal die Grundregeln verstanden und sich in die Sprache eingehört hat, fällt es auch nicht mehr so schwer, sein Gegenüber zu verstehen.

Ich habe in diesem Buch versucht, die deutsche Übersetzung der Ausdrücke auf dem gleichen Sprachlevel zu halten. Trotzdem ist bei der Anwendung manchmal Vorsicht geboten. Abwertende Ausdrücke und Beleidigungen sind eh nicht zum Gebrauch, sondern lediglich zum Verstehen aufgeführt. In diesem Zusammenhang auch ein Zitat aus „Das Wörterbuch" von den Gebrüdern Grimm. „Ein Wörterbuch ist nicht dazu da, die Wörter zu verbergen, sondern um sie hervorzubringen."

Im Anhang dieses Buches sind alle Ausdrücke, die vorkommen, noch einmal stichwortartig und alphabetisch geordnet aufgelistet. Die Seitenzahl dahinter gibt an, wo das Wort erwähnt wird und demnach auch die Übersetzung bzw. Anwendung steht. Hört man z. B. den Ausdruck **è un otre di vino,** findet man im Register unter **otre** und **vino** die entsprechende Seite.

# Alltagssprache Italiens

Wer spricht nun das „beste" Italienisch? Natürlich möchte diese Auszeichnung jede Region für sich in Anspruch nehmen. Angeblich sollen es ja die **toscani** sein, doch frei von dialektalen Einfärbungen ist man auch dort nicht.

Und im Übrigen streiten sich innerhalb der Toscana **Firenze** und **Lucca** und, und, und ... um die Krone. Wer also?

Ich meine, es ist müßig, hier ein Urteil fällen zu wollen, da jeder Dialekt seinen eigenen Reiz hat – auch und gerade was die Aussprache anbelangt.

So klingt im **Veneto** das **ci** eher wie ein „zi", in der **Emilia Romagna** wird aus dem **zz** fast ein englisches „th", die **piemontesi** sprechen das **r** wie die Franzosen, auf Sizilien verwandelt sich so manches **o** zum „u" usw., usw.

Interessant ist es allemal, sich auf eine kleine Sprachexpedition zu begeben, um seinen Lieblingsdialekt zu finden.

Also, auf gen Italien!

**Seitenzahlen**

*Um Ihnen den Umgang mit den Zahlen zu erleichtern, wird auf jeder Seite die Seitenzahl auch in Italienisch angegeben!*

## Verkürzungen

Wie alle anderen Sprachen auch, verkürzt das gesprochene Italienisch einige häufig gebrauchte Wörter.

So wird beispielsweise aus:

| | |
|---|---|
| **questo/questa** | **'sto/'sta** |
| **cosa** | **cos'** (wenn Vokal folgt) |
| **con il** | **col** |
| **sono** | **son** |
| **siamo** | **siam** |

**col** *gilt im Gegensatz zu* **nel, dal, sul** *etc. als unschön, wird aber deshalb nicht weniger benutzt.*

Überhaupt wird der Endvokal gern verschluckt, z. B. bei Infinitiven:

| | |
|---|---|
| **metter dentro** | reinstecken |
| **far ridere** | zum Lachen bringen |
| **cosa vuol dire?** | was soll das heißen? |

Bekannt dürfte der Wegfall des Schluss-**e** bei Titeln wie **signor(e)**, **dottor(e)**, **ingegner(e)** usw. sein, wenn ihnen der Name folgt.

Verkürzt werden bei nachfolgendem Vokalanlaut:

| | | |
|---|---|---|
| **di** | **d'** | |
| **mi** | **m'** | z. B.: **Non m'interessa.** |
| **ti** | **t'** | |
| **si** | **s'** | **S'alza sempre presto.** |
| **ci** | **c'** | |
| **vi** | **v'** | |
| **lo/la** | **l'** | z. B.: **Chi l'ha detto?** |

Manchmal verschwinden sogar ganze Wortteile:

| | |
|---|---|
| **la bicicletta** | **la bici** |
| **la fotografia** | **la foto** |
| **la metropolitana** | **la metro** |
| **la motocicletta** | **la moto** |

## Deutsche Wörter

Wussten Sie übrigens, dass viele deutsche Wörter ins Italienische übernommen wurden? Hier nur einige Beispiele:

**il kirsch, il kitsch, il krapfen, il land, il lied, il wurstel.**

© Gary, Fotolia.com

# Unterwegs in Italien

**U**m nach Italien einzureisen, genügt für Bürger von EU-Staaten der Personalausweis **(carta d'identità),** bei Autoreisen sollten man neben Führerschein **(patente)** und Wagenpapieren **(documenti)** auch die Grüne Karte **(carta verde)** bei sich haben.

| | |
|---|---|
| **passaporto** | Pass |
| **visto** | Visum |
| **dogana** | Zoll |
| **frontiera** | Staatsgrenze |
| **fare/disfare le valige** | Koffer packen/ auspacken |
| **biglietto** | Fahrkarte; Flugschein |
| **prenotazione** | Reservierung |
| **sportello** | Schalter |
| **andata e ritorno** | Hin- und Rückfahrt/ -flug |
| **deposito bagagli** | Gepäckaufbewahrung |
| **(aero)porto** | (Flug-)Hafen |
| **stazione** | Bahnhof |
| **binario** | Gleis |
| **fermata** (non ferma a ...) | Haltestelle (hält nicht in ...) |
| **fermata a richiesta** | Bedarfshaltestelle |
| **autobus** | Linienbus (innerhalb der Stadt) |
| **pullman/corriera** | Überlandbus |

*(machen/ausmachen)*

*Bus hält nur auf Anforderung!*

Möchte man in einer Stadt öffentliche Verkehrsmittel benutzen, sollte man sich vorher in einer **tabaccheria** die **biglietti** besorgen, da sie nicht beim Fahrer erhältlich sind und es nur in den U-Bahn-Stationen Mailands, Roms oder Neapels Fahrkartenautomaten gibt.

## Rund ums Auto

Wer mit dem Auto durch Italien reist, rechne mit allem! Die Italiener sind zwar – im Gegensatz zu den Deutschen – hervorragende Autofahrer, was Reaktionsschnelligkeit und Anpassung an neue Situationen anbelangt, doch strapazieren sie ihren Schutzengel mitunter über Gebühr. So kann es durchaus passieren, dass einem in der Kurve einer Gebirgsstraße plötzlich ein Fahrzeug entgegenkommt – auf der eigenen Spur wohlgemerkt! Doch wozu gibt es schließlich den **clacson,** auch Hupe genannt, den man ohne Übertreibung als des Italieners liebstes Teil des Autos bezeichnen darf.

## Hinweisschilder

*Überholen sollte man grundsätzlich immer mit dem gesetzten Blinker, vor allem wenn man an einer Kolonne Lastwagen vorbeiziehen will.*

| | | |
|---|---|---|
| **accendere i fari** | Scheinwerfer einschalten | |
| **caduta sassi** | Steinschlag | |
| **circonvallazione** | Umgehungsstraße | |
| **deviazione** | Umleitung | |
| **divieto di sorpasso** | Durchfahrt verboten | |
| **divieto di sosta** | Halteverbot | |
| **lasciare libero il passaggio** | Durchgang/-fahrt freihalten | |
| **lavori in corso** | Straßenarbeiten | |
| **rallentare** | Geschwindigkeit verringern | |
| **senso unico** | Einbahnstraße | |
| **soccorso A.C.I.** | Notruf | *vom Automobilclub* |
| **strada dissestata** | schlechte Straße | |
| **transito con catene** | nur mit Schneeketten befahrbar | |
| **uscita** | Autobahnausfahrt | |
| **vietato al traffico** | für den Verkehr gesperrt | |
| **vietato l'accesso** | Zugang verboten | |
| **zona disco** | nur mit Parkscheibe parken | |

| | | |
|---|---|---|
| **macchina** | Auto | |
| **moto** | Motorrad | |
| **macinino/trabiccolo** | Klapperkiste | *Mühle/Bettwärmer* |
| **bolide** | Flitzer | |
| **una fuoriclasse** | ein toller Schlitten | |
| **carcassa** | alter Kasten | *Flugzeug oder Schiff* |
| **autofficina** | Autowerkstatt | |
| **distributore** | Tankstelle (Stadt) | |

| | |
|---|---|
| **stazione di servizio** | Tankstelle (Autobahn) |
| **fare benzina** | tanken |
| **fare il pieno** | volltanken |
| **senza piombo** | bleifrei |
| **super/normale** | Super/Normal |

Für die Benutzung der **autostrade,** der Autobahnen, muss man eine nach Kilometer-Anzahl gestaffelte Maut, **pedaggio,** zahlen. Bei der Auffahrt auf die Autobahn zieht man eine Karte, die man beim Verlassen am **casello,** dem Mauthäuschen, vorzeigt und den entsprechenden Betrag entrichtet.

*volles Bier*

| | |
|---|---|
| **scorciatoia** | Abkürzung |
| **scappata** | Abstecher |
| **ingorgo** | Stau |
| **sfrecciare** | rasen |
| **correre all'impazzata** | rasen |
| **a tutta birra** | volle Pulle |
| **ammaccatura** | Beule |
| **danno totale** | Totalschaden |
| **incidente** | Unfall |
| **ambulanza** | Krankenwagen |
| **parcheggio** | Parkplatz |
| **autosilo** | Parkhaus |
| **parchimetro** | Parkuhr |
| **disco orario** | Parkscheibe |
| **tagliando** | Parkschein |
| **multa** | Strafzettel |

## Polizei

Im Heimatland der Mafia begnügt man sich natürlich nicht mit einer einheitlichen Polizei, nein, in Italien gibt es vier verschiedene Arten von Ordnungshütern:

Zunächst einmal die **vigili urbani**, die den Verkehr regeln, Parksündern **(parcheggiatori abusivi)** nachspüren und auskunftsuchenden Touristen helfen. Dann die **polizia stradale**, die den Verkehrssündern **(contravventori)** an den Führerschein geht. Für die öffentliche Ordnung sind die **carabinieri** zuständig; bleibt noch die **Guardia di Finanza**, die Finanz- und Zollpolizei. Die zwei letztgenannten sind Sondereinheiten der Armee **(esercito).**

| | | |
|---|---|---|
| **uno uno tre (113)** | Notruf | *Polizei, Notarzt, Feuerwehr* |
| **commissariato** | Polizeirevier | |
| **questura** | Polizeipräsidium | |
| **poliziotto/agente** | Polizist | |
| **i caramba** | Bullen | |
| **i piedipiatti** | | *Plattfüße* |
| **i pulotti** | | |
| **furto** | Diebstahl | |
| **ciuffare** | klauen | |
| **sgraffignare** | | |
| **arraffare** | | |
| **scippo** | Handtaschendiebstahl | *vom Mofa aus – italienische Spezialität!* |
| **assalto** | Überfall | |
| **delinquente** | Gauner | |
| **criminale** | Verbrecher | |
| **malvivente** | Gangster | *Schlechtlebender* |

| | | |
|---|---|---|
| *Anteil* | **tangente** | Schmiergeld |
| | **tangentopoli** | „Schmiergeld-City" = Mailand |
| *Kuvertchen* | **bustarella** | Schmiergeld |
| | **corruzione** | Korruption, Bestechung |

## Telefonieren

In Italien wird das Telefonnetz hauptsächlich von der **Telcom Italia** betrieben. Wer nicht sein Handy **il telefonino/il cellulare** dabei hat kann außer in den **cabine telefoniche** auch in vielen Bars telefonieren, die über öffentliche Telefone verfügen. Man erkennt sie am gelben Schild mit der Wählscheibe!

Möchte man nach Deutschland telefonieren, sollte auf der Telefonzelle **interurbane** (Ferngespräche) stehen. Die Vorwahl (**prefisso**) für die BRD ist im Übrigen die 0049, dann wählen Sie die Ortsvorwahl ohne „0" und dann die eigentliche Nummer.

*Es empfiehlt sich übrigens, nach 18:30 Uhr zu telefonieren, da es dann um ein Drittel billiger wird, nach 22.00 Uhr sogar um die Hälfte! Ab 8.00 Uhr morgens gilt dann wieder der normale Tarif.*

Die bequemste (und häufigste) Möglichkeit, besonders wenn man eine **interurbana** führen möchte, ist jedoch zweifelsohne die **carta telefonica**, die ebenfalls beim **tabaccaio** und in den meisten **cartolerie,** den Schreibwarengeschäften, verkauft werden. Die Telefonkarten sind mit einem magnetischen Band und nicht mit einem Chip, wie in anderen Ländern üblich, ausgestattet.

# Coi quattrini si fa tutto

## Rund ums Geld

Die **banche** haben in Italien normalerweise von Montag bis Freitag in der Zeit zwischen 8/8:30 und 13/13:30 geöffnet, die meisten auch noch mal eine Stunde am Nachmittag.

In den **agenzie cambio**, den Wechselstuben, kann man seine Franken, Pfund etc. auch am Nachmittag und am Wochenende loswerden, **scusi**, umtauschen. Sowohl zum Geldwechseln als auch zum Einlösen eines **assegno** (Scheck), sollte man den Personalausweis mitnehmen.

# Coi quattrini si fa tutto

| | |
|---|---|
| **bancomat** | Geldautomat |
| **i soldi/il denaro** | Geld |
| **gli spiccioli/gli spicci** | Kleingeld |
| **i quattrini** | Moneten |
| **la grana/le cucuzze** | Kohle, Zaster, Mäuse |
| **un bel gruzzolo** | eine schöne Stange Geld |
| **un sacco di soldi**<br>**un mucchio di soldi**<br>**un fior di quattrini** | ein Haufen Geld |

## Reich sein

| | | |
|---|---|---|
| | **granoso** | betucht |
| | **ricco (sfondato)** | (stein)reich |
| | **un riccone** | ein Krösus |
| *schaufelweise* | **quattrini a palate** | Geld wie Heu |
| *mit Geld macht man alles* | **Coi quattrini si fa tutto.** | Geld regiert die Welt. |
| | **Non bada a spese.** | Er/Sie scheut keine Kosten. |
| | **uno spendaccione/ sciupone** | ein Verschwender |
| *isst* | **Si mangia i soldi. / Spende e spande.** | Er/Sie wirft mit dem Geld um sich. |
| *er/sie hat einen weiten Ärmel* | **È di manica larga.** | Er/Sie ist sehr großzügig. |
| | **è figlio di papà** | er ist Sohn reicher Eltern |
| | **A caval donato non si guarda in bocca.** | Einem geschenkten Gaul schaut man nicht ins Maul. |
| | **tirchio** | geizig, knauserig |

| | | |
|---|---|---|
| **pidocchio** | Geizhals | *Laus* |
| **Ma questo è un furto!** | Das ist ja Wucher! | *Diebstahl* |
| **strozzino** | Wucherer | |
| **un tagliagole/avvoltoio** | ein Halsabschneider | *Geier* |
| **un sanguisuga** | ein Blutsauger | |

## Bezahlen

| | | |
|---|---|---|
| **pagare il fio** | für etwas bezahlen müssen | |
| **costa un occhio della testa** | es kostet ein Heidengeld | *ein Auge des Kopfes* |
| **un conto salato** | eine gesalzene Rechnung | |
| **l'ha pagata salata** | er hat es teuer bezahlt | *gesalzen* |
| **un prezzo sfacciato** | ein unverschämter Preis | |
| **fanno i portoghesi** | sie drücken sich ums Zahlen | *sie machen die Portugiesen* |
| **facciamo alla romana** | jeder zahlt für sich | *machen wir es römisch* |
| **costa due lire** | es kostet fast nichts | |
| **costa una miseria** | es ist spottbillig | |
| **un prezzo stracciato** | ein Spottpreis | *zerrissener* |
| **... da svendita** | Schleuderpreis | *Ausverkaufspreis* |
| **a metà prezzo** | zum halben Preis | |
| **in contanti** | bar | |
| **vendere sotto banco** | unter der Hand verkaufen | *unter dem Ladentisch* |
| **costi quel che costi** | koste es, was es wolle | |
| **mercanteggiare** | feilschen | |
| **tirare sul prezzo** | handeln | *am Preis ziehen* |
| **è un affarone** | das ist ein Supergeschäft | |

## Arm sein

**Ha le mani bucate.**
*er/sie hat durchlöcherte Hände*
Das Geld zerrinnt ihm/ihr zwischen den Fingern.

**Ti pelano./Ti spennano.**
*sie schälen/rupfen dich*
Die ziehen dir das Geld aus der Tasche./
Die nehmen dich aus.

**mollare/sganciare/scucire**
rausrücken

**Il denaro non rende felice.**
Geld macht nicht glücklich.

**Non vale una cicca/un fico secco.**
*Kippe/trockene Feige*
Das ist keinen Pfifferling wert.

**Sono al verde/al secco.**
*grün/trocken*
Ich bin pleite.

**Sono in bolletta sparata.**
*in hochgeschossener Rechnung*
Ich bin völlig abgebrannt.

**Non ho il becco d'un quattrino.**
*nicht den Schnabel eines Hellers*
Ich habe keinen müden Euro.

**piantare chiodi**
*Nägel einschlagen*
Schulden machen

**batter cassa**
*an die Kasse klopfen*
anpumpen

**Ha dato fondo ai soldi.**
Er hat sein Geld durchgebracht.

**Fa il passo più lungo della gamba.**
Er lebt über seine Verhältnisse.

## Betrügen

| | |
|---|---|
| **truffatore/truffare** | Betrüger/betrügen |
| **fregare** | 1. betrügen, 2. klauen |
| **ciuffare/sgraffignare** | klauen |
| **sbafare/scroccare** | schnorren, schmarotzen |
| **uno sbafatore** | ein Schnorrer |
| **uno scroccatore** | ein Schmarotzer |

# Grattarsi la pancia

## Rund ums Arbeiten

| | | |
|---|---|---|
| | **lavorare/il lavoro** | arbeiten/Arbeit |
| | **il lavoro clandestino** | Schwarzarbeit |
| | **il posto di lavoro** | Arbeitsplatz |
| *mache* | **faccio il professore** | ich bin Lehrer |
| | **la tredicesima** | 13. Monatsgehalt |
| *Notlösungen* | **vive di ripieghi** | er lebt von Gelegenheitsarbeiten |
| | **darsi d'attorno** | sich Mühe geben, sich anstrengen |
| | **mettersi al lavoro** | sich an die Arbeit machen |
| | **la sgobbata/ la sfacchinata** | Schufterei, Schinderei |
| *wie ein Neger arbeiten* | **lavorare come un negro/sgobbare/sfacchinare** | schuften |
| *mit dem Rücken arbeiten sieben Hemden durchschwitzen* | **lavorare di schiena, sudare sette camice, sfacchinarsi** | sich abrackern |
| | **Si uccide dalla fatica.** | Er arbeitet sich tot. |
| *vierteilen* | **Si fa in quattro.** | Er bringt sich halb um. |
| *er macht sich ...* | **Si fa il culo.** | Er reißt sich den Arsch auf. |
| *dreizehn Monate pro Jahr* | **Lavora tredici mesi all'anno.** | Er arbeitet wie ein Verrückter. |
| | **Adesso faccio festa.** | Ich mache jetzt Feierabend. |
| *unter Wasser arbeiten* | **lavorare sott'acqua** | heimlich gegen jemanden arbeiten |
| | **disoccupato** | arbeitslos, Arbeitsloser |
| | **infingardo** | arbeitsscheu |

**Mani callose, mani virtuose.**
*schwielige Hände, geschickte Hände*
Arbeit schändet nicht.

**Ti sei preso una bella gatta da pelare.**
Da hast du dir ja eine schöne Arbeit aufgehalst.

## Faulenzen

| | |
|---|---|
| **poltrire** | faulenzen |
| **fannullone** | Faulenzer; Nichtstuer |
| **tirare avanti, tirare a campare** | s. durchschlagen |

*vorwärtsziehen*

# Grattarsi la pancia

**stare con la pancia all'aria,**
*mit dem Bauch in der Luft liegen*
**grattarsi la pancia,**
*sich den Bauch kratzen*
**tenersi le mani sulla pancia**
*die Hände auf dem Bauch haben*
auf der faulen Haut liegen

**voler dormire tutti i suoi sonni**
*alle seine Schläfe schlafen wollen*
faulenzen wollen; seine Ruhe haben wollen

**Se la prende comoda.**
*er/sie nimmt sie sich bequem*
Er/Sie schiebt eine ruhige Kugel.

**Si mette le penne del pavone.**
*er steckt sich die Federn des Pfaues an)*
Er schmückt sich mit fremden Federn.

**Non cava un ragno da un buco.**
*er holt keine Spinne aus einem Loch*
Er kommt auf keinen grünen Zweig.

# Andiamo a fare la spesa

## Rund ums Einkaufen

Was kann es Schöneres geben, als im Urlaub Geld auszugeben? Und in Italien macht es besonders viel Spaß. Wenn da nur nicht immer diese ewig lange **Siesta** wäre, die einen volle drei Stunden (zwischen 12:30 und 15:30) daran hindert, die Euros unters Volk bzw. in die Läden zu bringen. (Es sei denn, man findet ein **magazzino** mit **orario continuato**, will heißen, ein Kaufhaus, das durchgehend geöffnet hat.)

Und dann erst die Montagvormittage, da machen sie erst gar nicht auf! Und wer am Mittwoch Nachmittag nicht verhungern will, sollte seine Lebensmittel rechtzeitig vorher kaufen, denn dann haben die **alimentari** ihr **chiuso** an die Tür geheftet.

*Am Samstag kann man sich allerdings Zeit zum Einkaufen lassen: Die Geschäfte sind den ganzen Tag geöffnet!*

**Vado a fare la spesa.**
*Ausgaben machen*
Ich gehe einkaufen.

**Fare il giro dei negozi**
*die Runde durch die Geschäfte*
einen Einkaufsbummel machen

**Perché non andiamo a dare un'occhiata alle vetrine?**
*einen Blick in die Schaufenster werfen*
Lass uns doch einen Schaufensterbummel machen.

**'ste scarpe vanno a ruba.**
*wie geklaut*
Diese Schuhe gehen weg wie warme Semmeln.

**Articoli ridotti non vengono cambiati**
Reduzierte Ware ist vom Umtausch ausgeschlossen.

| | | |
|---|---|---|
| | **negozio** | Laden |
| | **supermercato** | Supermarkt |
| | **magazzino** | Kaufhaus |
| | **edicola** | Zeitungsstand |
| | **commesso, commessa** | Verkäufer(in) |
| | **titolare** | Inhaber |
| *willst du kaufen?* | **i vu' cumprà** | Straßenhändler aus Afrika |
| | **carrello** | Einkaufswagen |
| | **cianfrusaglie** | Krimskrams |
| *unterschrieben, z. B.* **occhiali firmati** | **firmato** | Designer... |
| | **è un'occasione** | das ist eine Gelegenheit |
| | **al prezzo di costo** | zum Einkaufspreis |
| | **a metà prezzo** | zum halben Preis |
| | **svendita** | Ausverkauf |
| | **offerta speciale** | Sonderangebot |
| | **senza IVA** | ohne MWSt. |
| | **IVA inclusa** | inklusive MWSt. |
| | **cambiare** | umtauschen |
| | **scontrino** | Kassenzettel |
| | **deposito** | Pfand |
| | **pagare in contanti** | bar bezahlen |
| | **pagare con assegno** | mit Scheck bezahlen |
| | **comprare a rate** | auf Raten kaufen |
| | **taccheggiatore/ taccheggio** | Ladendieb/ Ladendiebstahl |

# Mi fa venire l'acquolina in bocca

## Rund ums Essen

Wen in Italien der Hunger überkommt, der kann entweder in der **bar** oder in einer **tavola calda**, einem Schnellimbiss, einen Happen zu sich nehmen. Wer lieber gemütlich speisen will, ist mit einer **osteria**, **pizzeria**, **trattoria**, **ristorante** oder **rosticceria**, einer Art Grill-Restaurant, sicherlich besser beraten, wobei die Preise bei der **osteria** angefangen nach oben gehen (die Ausstattung und der Service hoffentlich auch!).

Apropos Preise, in Italien muss der Betrag auf der Karte nicht unbedingt der sein, den man am Ende zu bezahlen hat. Man achte darauf, ob **coperto e servizio compreso** sind, also Gedeck und Bedienung inbegriffen.

Und nehmen Sie die **ricevuta fiscale** (die Rechnung) aus dem Lokal mit. – Sie könnten auf der Straße kontrolliert werden! Der Hintergrund ist ganz einfach der, dass die italienischen Geschäftsleute, und dazu gehören auch die Restaurantbesitzer, eigentlich nur aus Nächstenliebe gearbeitet haben, wollte man ihren Steuererklärungen glauben. Dem hat dann der italienische Staat einen Riegel vorgeschoben, indem er beispielsweise die Restaurantbesitzer zwang, den Kunden eine von einer Computerkasse erstellte Rechnung, eben eine **ricevuta fiscale,** auszuhändigen.

Und was finden wir nun auf einer italienischen Speisekarte?

## Vorspeisen

| | |
|---|---|
| **antipasti** | Vorspeisen |
| **antipasto misto** | gemischte Vorspeisen |
| **affettato misto** | Aufschnitt |
| **sottaceti** | in Essig eingelegtes Gemüse |
| **caponata** | Auberginen, Paprika, Tomaten, Öl |
| **insalata di mare** | Meeresfrüchtesalat |

*Außerdem gibt es diverse* **brodi** *(Brühen) und* **zuppe** *bzw.* **minestre** *(Suppen).*

## Erster Gang

Es folgen die **primi piatti**, die ersten Gänge, das sind **pasta** oder **risotto**. Ob nun **capellini**, **spaghetti**, **fettuccine** oder **tagliatelle**; ob **maccheroni**, **penne**, **rigatoni** oder **cannelloni**; ob **agnolotti**, **cappelletti**, **ravioli** oder aber **tortellini** und **tortelloni**; nicht zu vergessen **lasagne**, **farfalle**, **conchiglie** und und und: der Phantasie sind keine Grenzen gesetzt.

Gleiches gilt für die Zubereitungsart, hier nur die gängigsten:

| | |
|---|---|
| **al burro** | mit Butter |
| **al sugo** | mit Tomatensoße |
| **alla bolognese; al ragù** | mit Hackfleisch |

| | |
|---|---|
| **al pesto** | mit Basilikum und Pinienkernen |
| **all'amatriciana** | mit Tomaten, roten Paprikaschoten, Speck und Zwiebeln |
| **alla carbonara** | mit Ei und Speck |
| **alla marinara** | mit Meeresfrüchten |
| **alla puttanesca** | mit Oliven, schwarzem Pfeffer und Kapern |
| **all'arrabbiata** | mit scharfer Tomatensoße (schwarzer Pfeffer) |

## Zweiter Gang

Nicht minder einfallsreich sind die **secondi piatti**:

| | |
|---|---|
| **bollito misto** | verschiedenes gekochtes Fleisch |
| **cacciagione** | Wild |
| **costata alla pizzaiola** | Steak in Tomatensoße mit Pilzen und Basilikum |
| **costoletta alla milanese** | Wiener Schnitzel |
| **fegato alla veneziana** | Kalbsleber mit Zwiebeln und Polenta |
| **involtini** | Rouladen |
| **osso buco** | Kalbshaxe in Wein-Tomaten-Soße |

| | |
|---|---|
| **saltimbocca alla romana** | Kalbsschnitzel mit einer Scheibe rohem Schinken und Salbeiblättern |
| **spezzatino** | Gulasch |
| **trippe** | Kutteln |
| **fritto misto** | verschiedene gebackene Fische & Meeresfrüchte |
| **cozze alla marinara** | Miesmuscheln in Weißwein |
| **anguilla alla veneziana** | Aal in Zitronensoße |

## Dessert

| | |
|---|---|
| **dolce** | Dessert |
| **budino** | Pudding |
| **cassata** | Eis mit kandierten Früchten |
| **macedonia di frutta** | Obstsalat |
| **profiterole** | mit Schokolade überzogene, gefüllte Eclairs |
| **tartufo** | Schokoladeneis mit Vanille-Kern |
| **tiramisù** | als solches auch hier bekannt |
| **zuppa inglese** | wird bei uns als „*zuppa romana*"verspeist |

## Hunger haben

Wer jetzt noch immer nicht genug hat, der kann sich durch die folgenden Begriffe schlemmen:

| | |
|---|---|
| **assaggiare** | kosten, probieren |
| **stuzzicare l'appetito** | den Appetit anregen |
| **l'appetito vien mangiando** | der Appetit kommt beim Essen |
| **un boccone** | ein Bissen, ein Happen |
| **un bocconcino** | ein Häppchen |
| **mangiare due bocconi** | einen Happen zu sich nehmen |
| **uno spuntino** | ein Imbiss, eine Kleinigkeit |
| **manicaretti/ ghiottonerie** | Leckerbissen |
| **ghiottone** | Leckermaul |
| **ghiotto/succulento** | lecker |
| **squisito/favoloso** | köstlich |
| **un pasto coi fiocchi** | ein ausgezeichnetes Essen |
| **un lauto pasto** | ein üppiges Essen |

**A chi ha fame è buono ogni pane.**
*wer Hunger hat, dem ist jedes Brot recht*

**Asino che ha fame, mangia d'ogni strame.**
*ein hungriger Esel frisst von jedem Streu*
Hunger ist der beste Koch.

## Mi fa venire l'acquolina in bocca

**Non ci vedo più dalla fame.**
*ich sehe vor Hunger nichts mehr*
Ich habe einen Riesenhunger.

**Ho una fame da lupi.**
*ich habe einen Wolfshunger*
Ich habe einen Bärenhunger.

**Mi fa venire l'acquolina in bocca.**
Mir läuft das Wasser im Mund zusammen.

| | | |
|---|---|---|
| | **abbuffarsi**<br>**fare una scorpacciata**<br>**fare una bella mangiata** | sich den Bauch vollschlagen |
| | **un epulone** | ein Schlemmer |
| | **gozzovigliare** | prassen |
| | **la gozzoviglia** | Prasserei |
| *runterwerfen* | **buttare giù** | runterschlingen |
| | **sgranocchiare** | knabbern |
| | **un pasto frugale** | ein bescheidenes Mahl |

| | | |
|---|---|---|
| | **mangiare ...** | essen ... |
| | **... a più non posso** | ... was reingeht |
| | **... a crepapelle** | ... bis man platzt |
| *mit vier Kinnladen/ Mühlsteinen* | **... a quattro ganasce/ palmenti** | ... wie ein Scheunendrescher |
| *mit dem Kiefer arbeiten* | **lavorare di mascella** | ordentlich futtern |
| *er ist eine Bürste* | **è una spazzola.** | Er putzt das Essen im Nu weg. |

**ha uno stomaco di struzzo.**
*er hat einen Straußenmagen*
Er hat einen Viehmagen.

**È una bella zuppa.**
*eine schöne Suppe*
Das ist ja ein schönes Kuddelmuddel.

**se non è zuppa, è pan bagnato.**
*wenn es keine Suppe ist, ist es nasses Brot*
Es ist gehupft wie gesprungen.

**tutto fa brodo.**
*alles macht Suppe*
Alles ist zu irgendwas zu gebrauchen.

| | |
|---|---|
| **sciapo/insipido** | fad |
| **Non mi va./ Non mi piace.** | Es schmeckt mir nicht. |
| **Non sa di niente.** | Es schmeckt nach nichts. |
| **Mi ingombra lo stomaco.** | Es liegt mir schwer im Magen. |
| **Mi si volta lo stomaco.** | Mir dreht sich der Magen um. |
| **il mal di pancia** | Bauchschmerzen |
| **ruttare** | rülpsen |
| **M'è andato di traverso.** | Ich habe mich verschluckt. |
| **mi sono sbrodolato.** | Ich habe mich bekleckert. |

# O bere o affogare

## Rund ums Trinken

Italien ist Gott sei Dank ein Land, in dem man von Trinkkultur sprechen darf anstatt von Betrinkkultur sprechen zu müssen.

So ist es im **Bel Paese** keineswegs üblich, sich in die Kneipe an der Ecke zu setzen, um sich vollaufen zu lassen **a più non posso**, (bis zum Geht-nicht-mehr). Was aber nun ganz und gar nicht bedeutet, dass man jenseits der Alpen genussfeindlich wäre – ganz im Gegenteil! Schließlich kommen ja einige der beliebtesten feuchten Leckereien aus Italien!

### Nicht-Alkoholisches (anancolici)

*wird immer zum Wein bestellt*

| | |
|---|---|
| **acqua minerale...** | Mineralwasser |
| **... gasata** | ... mit Kohlensäure |
| **... naturale** | ... ohne Kohlensäure |
| **limonata** | Limonade |
| **succo di mele** | Apfelsaft |
| **spremuta d'arancia** | frisch ausgepresster Orangensaft |
| **tè con limone/ tè freddo** | Tee mit Zitrone/ Eistee |
| **cioccolata** | Schokolade, Kakao |
| **latte** | Milch |
| **frullato** | Milchshake |
| **caffè** | Espresso |

*niemals „espresso" bestellen!*

| | | |
|---|---|---|
| **caffè lungo** | deutschem Kaffee vergleichbar, also etwas dünner | *lang* |
| **caffellatte** | Milchkaffee | |
| **caffè macchiato** | Kaffee mit etwas Milch | *befleckt* |
| **caffè corretto** | Kaffee mit Schuss – meist **Grappa** | *korrigiert* |
| **cappuccio, cappuccino** | Cappuccino | *natürlich mit heißer Milch!* |

## Alkohol (alcolici)

| | | |
|---|---|---|
| **vino bianco/rosato/ rosso** | Weiß-/Rosé-/ Rotwein | *man bestellt z. B.* **un quarto di rosso** |
| **birra chiara/scura/ alla spina** | helles/dunkles Bier/ vom Fass | |
| **una birra piccola/ grande** | ein kleines/ großes Bier (0,4 - 0,5l) | *das klassische Getränk zur Pizza* |
| **amaro** | Magenbitter | |
| **acquavite** | Schnaps | |
| **liquore** | Likör | |
| **spumante** | Sekt | |
| **prosecco** | trockener Sekt | |
| **liscio** | pur | *glatt* |
| **con ghiaccio** | mit Eis | |
| **un bruciabudella/ torcibudella** | ein Rachenputzer | *Eingeweideverdreher* |

Ansonsten heißen die „harten" Getränke (Whisky, Rum, Wodka, Gin, Kognak etc.) wie im Deutschen.

## Trinken

| | |
|---|---|
| **Cosa prendiamo?** | Was trinken wir? |
| **Ci facciamo un bicchierino?** | Trinken wir ein Gläschen? |
| **offro io** | das geht auf meine Rechnung |
| **un giro** | eine Runde |
| **spegnere la sete** | den Durst löschen |
| **Ma che intruglio è questo?** | Was ist denn das für ein Gesöff? |
| **cin cin** | Prost! |
| **(alla) salute!** | zum Wohl! |
| **un brindisi** | ein Toast; Trinkspruch |
| **bagnare qualcosa** | etwas (ein Ereignis) begießen |
| **bere (d)alla bottiglia** | aus der Flasche trinken |

*befeuchten*

## Saufen

| | | |
|---|---|---|
| **farsi un cicchetto/ trincare** | einen heben/ bechern | |
| **buttare giù/tracannare** | runterkippen | *runterwerfen* |
| **giù!** | Ex! | |
| **sbevazzare** | saufen | |
| **sbronzarsi/sborniarsi** | sich besaufen | |
| **un tracannatore** | Schluckspecht | |
| **un beone** | ein Trinker | |
| **un ubriacone** | Quartalssäufer | |
| **è un otre di vino** | er ist ein Säufer | *ein Weinschlauch* |
| **una bevuta** | ein Saufgelage | |
| **sbevazzata** | Besäufnis | |
| **alticcio** | angeheitert | |
| **brillo** | beschwipst | |
| **ubriaco** | betrunken | |
| **ubriaco fradicio** | sternhagelvoll | |
| **sbronzo** | besoffen | |
| **sbronzo cotto** | sturzbesoffen | *besoffengekocht* |
| **è in coma** | er ist sturzbesoffen | *im Koma* |
| **è partito/fuori** | er ist sternhagelvoll | *abgefahren/draußen* |
| **una sbronza/sbornia/ ciucca** | ein Rausch | |
| **una spranghetta** | ein Kater | |
| **ho lo stomaco sottosopra** | mir ist speiübel | |
| **vomitare** | sich übergeben | |
| **rovesciare** | kotzen | |
| **astemio** | Abstinenzler | |

Und hier noch ein paar Redewendungen rund ums Trinken:

# O bere o affogare

**ha alzato un po' il gomito.**
*den Ellbogen gehoben*
Er hat einen gehoben.

**beve come una spugna/un otre.**
*wie ein Schwamm/Schlauch*
Er säuft wie ein Loch.

**È pieno come un otre.**
*voll wie ein Schlauch*
Er ist bis oben voll.

**Chi ha bevuto berrà.**
*wer getrunken hat, wird trinken*
Die Katze lässt das Mausen nicht.

**o bere o affogare.**
*trink oder ertrink*
Friss oder stirb.

**questa non te la beve nessuno.**
*das trinkt dir niemand*
Das glaubst du ja wohl selber nicht.

**non me la dai a bere.**
*das gibst du mir nicht zu trinken*
Das kannst du mir nicht weismachen.

**Ma cosa vuoi?**
**La botte piena e la moglie ubriaca?**
*was willst du? das Fass voll und die Frau betrunken?*
Man kann nicht alles haben.

# Andare al gabinetto

### Klo & Co.

| | |
|---|---|
| **signori** | Herren |
| **signore** | Damen |
| **occupato** | besetzt |
| **libero** | frei |

Da Italien mit öffentlichen Toiletten nicht gerade reich gesegnet ist, empfiehlt es sich, unbedingt morgens vor Verlassen des Hotels und bei jedem Bar- oder Restaurantaufenthalt das WC aufzusuchen, um etwaigen quälenden Notsituationen zu entgehen.

| | |
|---|---|
| **il gabinetto/la toilette** | Toilette |
| **andare al gabinetto** | auf die Toilette gehen |
| **il cesso** | Klo |
| **il pisciatoio** | Pissoir |
| **lo sciacquone** | Spülung |
| **carta igienica** | Toilettenpapier |

| | |
|---|---|
| **orinare** | urinieren, Wasser lassen |
| **l'orina** | Urin |
| **fare la pipì** | Pipi machen |
| **pisciare/fare la piscia** | pinkeln, pissen |
| **pisciarsi addosso** | sich bepissen |
| **il piscio/la piscia** | Pisse |
| **piscione** | Pisser |

# Andare al gabinetto

| | |
|---|---|
| **la pisciata** | das Pinkeln |
| **fare una pisciata** | eine Stange Wasser abstellen |
| **andare di corpo** | Stuhlgang haben |
| **cacare** | kacken |
| **fare la cacca** | scheißen |
| **le feci** | Fäkalien |
| **la cacca/la merda** | Kacke/Scheiße |
| **la cacata** | das Scheißen; der Haufen |
| **la diarrea** | Durchfall |
| **la cacarella/la sciolta** | Dünnschiss |
| **la costipazione/ la stitichezza** | Verstopfung |
| **essere costipato/stitico** | Verstopfung haben |
| **le flatulenze** | Blähungen |
| **il peto** | Furz |
| **fare/tirare un peto** | furzen, einen fahren lassen |
| **puzzare** | stinken |
| **la puzza** | Gestank |
| **puzzone** | Stinker, Schwein |
| **cacasotto** | Hosenscheißer |
| **cacasenno** | Klugscheißer |
| **ma va a cacare!** | verpiss dich! |

# Impasticcato

## Drogen & die Folgen

Die Drogen-Szene hat in Italien noch eine relativ starke Präsenz. Einige der unten aufgeführten Begriffe werden Ihnen darüber hinaus auch im „normalen" Slang begegnen.

| | | |
|---|---|---|
| **lo stupefacente** | Rauschgift | |
| **la droga/la pasticca** | Droge | *Tablette* |
| **droghe pesanti** | harte Drogen | *schwere* |
| **droghe leggere** | weiche Drogen | *leichte* |
| **l'eccitante** | Aufputschmittel | |
| **la roba** | Stoff | |
| **impasticcato** | unter Drogen | |
| **doparsi** | sich dopen | |
| **drogarsi/farsi** | Drogen nehmen | |
| **tossicodipendente/ junkie** | Drogenabhängige(r) | |
| **lo spacciatore/pusher** | Dealer | |

| | |
|---|---|
| **uno spinello** | ein Joint |
| **spinellarsi** | einen Joint rauchen |
| **mary** | Marihuana |
| **strafatto/fuori/ sballato** | high/voll sein |
| **è fatto perso** | er ist total zu |

| | |
|---|---|
| **mesca** | Meskalin |
| **intrippato** | auf Trip |
| **viaggio** | Trip |

| | | |
|---|---|---|
| | **ero** | Heroin |
| *Tütchen* | **una bustina** | ein Briefchen |
| | **tagliato** | verschnitten |
| *sich durchstechen* | **bucarsi** | sich spritzen, fixen |
| | **siringhino** | einer, der an der Nadel hängt |
| *sich eine Spritze machen* | **farsi una pera** | sich einen Schuss setzen |
| | **lo schizzo finale** | der goldene Schuss |

| | | |
|---|---|---|
| *Loch* | **un buco** | ein Schuss |
| *Spritze* | **una pera** | |
| *Spritzer* | **uno schizzo** | |

| | |
|---|---|
| **coca** | Kokain |
| **sniffare** | koksen |
| **sniffatore** | Kokser |

| | |
|---|---|
| **disintossicarsi** | Entzug machen |
| **stare a rota** | auf Entzug sein |
| **la rota** | Entzug(serscheinungen) |

## Zigaretten

Noch ein Wort zu den **tabaccherie** bzw. dem **tabaccaio,** wo man neben den Busfahrkarten auch Briefmarken (Briefkästen sind übrigens rot) und vor allem **sigarette** kaufen kann. Nach Zigarettenautomaten werden Sie in Italien vergeblich suchen – Tabak ist ein Staatsmonopol und wird daher nur in den dafür autorisierten Geschäften, eben den **tabaccherie,** verkauft. Man sollte auch nicht, wie in Deutschland manchmal üblich, in einem Restaurant beim Ober Zigaretten bestellen, wenn man keine Münzen hat, da er nicht verstehen wird, was man von ihm möchte. Er wird sich bestenfalls genötigt fühlen, Ihnen eine seiner Zigaretten anzubieten.

*Ausnahme: Außen an den* **tabacchi 24 ore** *gibt es mittlerweile Automaten.*

*Italien hat als eines der ersten europäischen Länder ein strenges Rauchverbot in Gaststätten eingeführt, das trotz anfänglicher Bedenken sehr gut akzepiert wird.*

# Tutto fa brodo

## Sprichwörter

Nachfolgend möchte ich einige Sprichwörter aufführen, die im Italienischen andere Bilder benutzen als im Deutschen. Ich bin sicher, dass diese viel interessanter für Sie sind als z. B. Sprichwörter wie „**Una mano lava l'altra**", die im Deutschen identisch übersetzt werden. Wie heißt es doch noch? An den Sprichwörtern sollt ihr sie erkennen!

**Avuta la grazia gabbato lo santo.**
*nachdem man den Segen erhalten hat, wird der Heilige verspottet*
Der Mohr hat seine Schuldigkeit getan.

**Non è farina del suo sacco.**
*das ist kein Mehl aus seinem/ihrem Sack*
Das ist nicht auf seinem/ihrem Mist gewachsen.

*gemeint ist der Schwanz des Rochens*

**Nella coda sta il veleno.**
*im Schwanz steckt das Gift*
Das dicke Ende kommt noch.

**Buona notte al secchio.**
*gute Nacht Eimer*
Jetzt ist alles im Eimer.

**Chi dorme non piglia pesci.**
*wer schläft fängt keine Fische*
Von nichts kommt nichts.

**Acqua passata non macina più.**
*vorbeigeflossenes Wasser treibt den Mühlstein nicht mehr an*
Vorbei ist vorbei.

**Cane non mangia cane.**
*Hund frisst nicht Hund*
Eine Krähe hackt der anderen kein Auge aus.

**L'arco sempre teso si spezza.**
*der ständig gespannte Bogen bricht*
**Tanto va la gatta al lardo che ci lascia lo zampino.**
*die Katze geht solange zum Speck, bis sie ihre Pfote verliert*
Der Krug geht solange zum Brunnen, bis er bricht.

**Tutti i nodi vengono al pettine.**
*alle Knoten kommen in den Kamm*
Es kommt alles irgendwann ans Licht.

**tutto fa brodo.**
*aus allem kann man Suppe machen*
Alles ist zu irgendwas zu gebrauchen.

**O mangiare questa minestra o saltare dalla finestra.**
*entweder diese Suppe essen oder aus dem Fenster springen*
Friss oder stirb.

**Quando si è in ballo bisogna ballare.**
*wenn man auf einem Ball ist, muss man auch tanzen*
Wer A sagt, muss auch B sagen.

**Meglio l'uovo oggi che la gallina domani.**
*lieber das Ei heute als die Henne morgen*
Lieber den Spatz in der Hand, als die Taube auf dem Dach.

**Chi fa da se, fa per tre.**
*wer für sich macht, macht für drei*
Selbst ist der Mann.

**Se la va, la va.**
Wenn's geht, geht's.

**Se non è vero, è ben trovato.**
Wenn's nicht wahr ist, ist es gut erfunden.

**Fatta la legge trovato l'inganno.**
*gemacht das Gesetz, gefunden der Betrug*
Sobald ein Gesetz gemacht ist, wurde auch schon die Möglichkeit gefunden, es zu umgehen.

**Canta che ti passa.**
*sing, dann geht's vorbei*
Lachen ist die beste Medizin.

**Chi si scusa s'accusa.**
Wer sich entschuldigt, klagt sich an.

**Se son rose, fioriranno.**
*wenn es Rosen sind, werden sie blühen*
Es wird sich zeigen, was es taugt.

# Che sballo!

## Die lockere Sprache des Alltags

Auf den folgenden Seiten steht „das Salz in der Suppe", das, was das Sprachmenü erst so richtig herzhaft werden lässt. **Buon appetito, allora!** (Aber nicht den Magen verderben!)

### Drohen

| | |
|---|---|
| **minacciare/minaccia** | drohen/Drohung |
| **scagliare una minaccia** | eine Drohung ausstoßen |
| **Sono guai!** | Das gibt Ärger! |

**Ti faccio la pelle!** *die Haut*
Ich mach dich kalt!

**Ti spacco/faccio il culo!** *spalte/mache*
Ich reiß dir den Arsch auf!

**Se non la smetti subito ti suono!**
Wenn du nicht sofort aufhörst, verpass ich dir eine!

**Ti concio per le feste!/Ti tuzzo di botte!**
*ich gerb dich für die Feiertage/*
*ich füll dich ab mit Schlägen*
Ich schlag dich zusammen!

**ti aggiusto/arrangio per le feste!**
ich bring dich für die Feiertage in Ordnung!

**ti rompo la faccia!/Ti spacco il muso!**
*ich brech dir das Gesicht/spalte dir das Maul*
Ich poliere dir die Fresse!

| | |
|---|---|
| **una cazzottata** | eine Schlägerei |
| **una mazza/ un picchiatore** | ein Schläger |
| **un teppista** | ein Rowdy |
| **a muso duro** | kaltschnäuzig, eiskalt |

*mit harter Schnauze*

## Halt die Klappe!

| | | |
|---|---|---|
| **Chiudi il becco!** | Halt's Maul! | *Schnabel* |
| **Finiscila!/Smettila!/ Piantala!** | Hör auf! | |
| **Non rompere!** | Nerv nicht! | *brechen* |
| **Acqua in bocca! / Sasso in bocca!** | Kein Wort darüber! | *Wasser in den Mund* / *Stein in den Mund* |
| **Ma senti chi parla!** | Das musst ausgerechnet du sagen! | *hör mal, wer spricht* |
| **Lascia stare!** | Lass es gut sein!, Vergiss es! | |

## Hau ab!

**Sei una mosca.**
Du bist lästig/ein Quälgeist. — *du bist eine Fliege*

**Non ti voglio più vedere.**
Ich will dich nicht mehr sehen.

**Sparisci!**
Verschwinde!

**Vattene al diavolo!**
Geh zum Teufel!

**Va in malora!**
Scher dich zum Teufel! — *geh ins Verderben*

**Vaffanculo!**
Leck mich am Arsch!

*erheb dich von den „Eiern"* **Levati dalle palle!**
Verpiss dich!

*setz keinen Fuß mehr hier rein* **Non mettere più piede qui!/ Non farti più vedere qui!**
Lass dich hier nicht mehr blicken!

*zwischen den Beinen* **Non starmene sempre tra i piedi!**
Steh mir nicht immer im Weg 'rum!

*entkommen/die Schnur durchschneiden/sich von den Füßen erheben* **Scappa!/Taglia la corda!/Svignatela!/ Levati dai piedi!**
Hau ab!/Verzieh dich!

## Angst haben

| | | |
|---|---|---|
| | **Mi viene la pelle d'oca.** | Ich bekomme eine Gänsehaut. |
| | **aver strizza/aver fifa** | Schiss haben |
| *drauf* | **Non fartela addosso!** | Mach dir nicht in die Hosen! |
| | **Can che abbaia non morde.** | Bellende Hunde beißen nicht. |
| | **lavativo** | Drückeberger |
| | **fifone** | Feigling |
| | **vigliacco** | 1. Feigling, 2. fieses Schwein |
| *Mürbteig* | **pasta frolla** | Waschlappen |

**Mi hanno messo alle strette.**
Sie haben mich in die Enge getrieben.

**Mi hanno messo con le spalle al muro.**
*mit den Schultern zur Wand*
Sie haben mir die Pistole auf die Brust gesetzt.

**Gambe in spalle e via!**
*Beine auf die Schultern und weg!*
Nichts wie weg hier!

**Ma chi ti ha conciato così?**
Wer hat dich denn so zugerichtet?

## Verarschen, Betrügen

**L'ho colto in fallo./L'ho colto colle mani in pasta.**
*ich habe ihn beim Sündigen/mit den Händen im Teig erwischt*
Ich habe ihn in flagranti erwischt.

**Occhio non vede, cuore non duole.**
*Auge sieht nicht, Herz tut nicht weh*
Was ich nicht weiß, macht mich nicht heiß.

**Ne inventa di tutti i colori per fregarli.**
*er/sie erfindet in allen Farben etwas, um sie zu betrügen*
Er/sie denkt sich alles mögliche aus, um sie zu bescheißen.

**Cane non mangia cane.**
*Hund frisst nicht Hund*
Eine Krähe hackt der anderen kein Auge aus.

| | | |
|---|---|---|
| | **prendere in giro** | auf den Arm nehmen |
| *am Arsch nehmen* | **prendere per il culo** | verarschen |
| | **barare** | falschspielen |
| | **imbrogliare** | betrügen |
| *fremdgehen* | **ingannare** | jemanden betrügen |
| | **buggerare** | reinlegen, bescheißen |
| | **Ci sei cascato!** | Reingefallen! |
| | **fregare** | 1. bescheißen, 2. klauen |
| *er weiß es lang* | **la sa lunga** | er ist mit allen Wassern gewaschen |
| | **sfacciato** | unverschämt |
| | **scaltro** | gerissen |
| *Drache* | **È un drago.** | Er ist ein Fuchs. |
| | **Sta covando qualcosa.** | Er/sie brütet etwas aus. |
| | **C'è sotto qualcosa!** | Da steckt was dahinter! |
| | **Il conto non torna.** | Die Rechnung geht nicht auf. |
| | **Non ci sto!** | Da mach' ich nicht mit! |
| *Hände reiben* | **Si frega le mani.** | Er/Sie lacht sich ins Fäustchen. |
| | **Se ne lava le mani.** | Er wäscht seine Hände in Unschuld. |

## Keinen Durchblick haben

| | | |
|---|---|---|
| | **Ciance!** | Blödsinn! |
| *Kopfschlag* | **un colpo di testa** | eine Kurzschluss-handlung |
| | **sventato** | kopflos, unüberlegt |
| | **una panzana** | eine Lügengeschichte |

| | | |
|---|---|---|
| **È ...** | Er ist ... | |
| **... impazzito** | ... verrückt geworden | |
| **... un tipo balzano** | ... ein komischer Kauz | |
| **... pieno di fumo** | ... aufgeblasen | *voll Rauch* |
| **... fuori di testa** | ... übergeschnappt/ ausgeflippt | *aus dem Kopf* |
| **... sbullonato** | ... bescheuert | *Bolzen entfernt* |
| **... suonato** | ... behämmert | |
| **... tronato** | ... total daneben | *durchgedonnert* |
| **... pazzo da legare** | ... total verrückt | *zum Festbinden* |
| **... sgangherato** | ... ausgeflippt | *aus den Angeln* |
| **... un fricchettone** | ... ein Freak | |
| **... uno sputasentenze** | ... ein Neunmalkluger | *Sprüchespucker* |
| **... testardo come un mulo** | ... stur wie ein Esel | *Maultier* |
| **... un cacasenno** | ... ein Klugscheißer | *Verstandscheißer* |
| **... un deficiente/ minchione** | ... ein Blödmann | |
| **... una testa di cavolo** | ... ein Hohlkopf | *Kohlkopf* |
| **... una testa di gallina** | ... ein Spatzenhirn | *Hennenkopf* |

**ha dato i numeri.**
*hat die Nummern gegeben*
Er/sie ist total durcheinander.

**gli manca una rotella./**
**Non ha tutte le rotelle a posto.**
*ihm fehlt ein Rädchen/*
*er hat nicht alle Rädchen in Ordnung*
Bei ihm ist eine Schraube locker.

**non fare cavolate!** *Kohlgericht*
Mach keine Dummheiten!

**ma che ti viene in mente?**
*was kommt dir in den Sinn?*
Was fällt dir denn ein?

**È una cosa da pazzi!**
*eine Sache für Verrückte*
So was Bescheuertes!

**ti tira il culo?**
*zieht dir der Arsch?*
Du hast wohl den Arsch offen?

**non far la gatta morta!**
*mach nicht die tote Katze*
Stell dich nicht blöd!

**scavati una fossa!**
*heb dir einen Graben aus*
Lass dich begraben!

**come non detto!**
*wie nicht gesagt*
Vergiss es!

**ma datti all'ippica!**
*steig auf die Reiterei um*
Mensch, lass dir dein Lehrgeld zurückzahlen!

**vuol sempre fare di testa sua.**
Er will immer seinen Kopf durchsetzen.

*ein Adler* **non è proprio un'aquila.**
Er ist nicht gerade der Hellste.

**si dà delle arie./Spande.**
*gibt sich Anschein/breitet sich aus*
Er/Sie macht sich wichtig.

**non lo afferra.** *fassen*
Er schnallt es nicht.

**ma cos'hai combinato?**
Was hast du denn jetzt schon wieder angestellt?

**non vede più lontano del suo naso.**
Er/Sie sieht nicht über seine/ihre Nasenspitze hinaus.

**chi non ha testa abbia gambe.**
*wer keinen Kopf hat, soll Beine haben*
Was man nicht im Kopf hat, hat man in den Beinen.

**non capisco un cavolo/cazzo.**
*ich verstehe keinen Kohl/Schwanz*
Ich versteh nur Bahnhof.

## Durchblicken

| | |
|---|---|
| **furbastro** | Schlaumeier |
| **sapientone** | Besserwisser |
| **sveglio** | clever |
| **scaltro** | gerissen |
| **imbucarsi** | eine Situation zum eigenen Vorteil ausnutzen |

*Zentrum* **Hai fatto centro.**
Du hast ins Schwarze getroffen.

**Ho capito l'antifona.** **capire**
Ich habe den Wink verstanden.

*er weiß es lang* **La sa lunga.**
Er hat den vollen Durchblick.

**L'ha sgamato.**
Er hat's geschnallt.

*mit dem Kopf am richtigen Platz* **È un tipo con la testa a posto.**
Er ist ein vernünftiger Kerl.

*schöne Anstrengung (ironisch)* **Bello sforzo!**
Tolle Leistung!

## Super, spitze, affengeil

**mi piace un sacco/mondo/casino/da morire!**
*es gefällt mir einen Sack/eine Welt/ ein Tollhaus/zum Sterben*
Das gefällt mir wahnsinnig gut!

**ha fatto tanto d'occhio!**
Der/Die hat vielleicht Augen gemacht!

| | | |
|---|---|---|
| **divertente** | lustig, unterhaltsam | |
| **magnifico** | großartig | |
| **fantastico** | phantastisch | |
| **stupendo** | herrlich | |
| **meraviglioso** | wunderbar | |
| **incredibile/ da non crederci** | unglaublich | |
| **esaltante** | aufregend | |
| **forte** | stark | |
| **pazzesco** | irre | |
| **da impazzire** | zum Verrücktwerden | |
| **un delirio** | Wahnsinn! | |
| **schiacciante** | wahnsinnig | |
| **micidiale** | geil | *erdrückend* |
| **bestiale** | tierisch | *mörderisch* |
| **che sballo!** | rattenscharf | |
| **ha fatto furore** | er/sie hat Aufsehen erregt | *übertrieben* |

## Sich ärgern, schlecht drauf sein

| | | |
|---|---|---|
| | **Sono stufo.** | Ich hab's satt. |
| | **Sono giù.** | Ich bin down. |
| | **Sono a terra.** | Ich bin am Boden zerstört. |
| *Ader* | **Non sono in vena.** | Ich bin nicht in Stimmung. |
| | **esasperato** | entnervt |
| | **È andato su tutte le furie.** | Er ist total ausgerastet. |
| | **Scatta come niente.** | Er/Sie geht gleich an die Decke. |
| *isst seine Finger* | **Si mangia le dita.** | Er/Sie beißt sich in den Hintern. |
| *isst seine Leber* | **Si mangia il fegato.** | Er/Sie ärgert sich schwarz. |
| | **inveire** | wettern |
| | **sfogarsi** | sich abreagieren |
| | **una sfuriata** | ein Wutausbruch |
| *Galle* | **crepare dalla bile** | vor Wut platzen |
| *Geschäft* | **Bell'affare!** | Schöner Mist! |
| | **Un bel casino!** | Schönes Chaos! |
| | **Dove diavolo ...?** | Wo zum Teufel ...? |
| *hartes Gesicht* | **Che faccia tosta!** | So eine Unverschämtheit! |

**imbestialito/incavolato/arrabbiato nero**
*zum Tier/zum Kohl geworden/schwarz vor Wut*
stinksauer

**ha la luna storta./Ha i coglioni girati.**
*er hat den Mond schief/die „Eier" gedreht*
Er ist schlecht drauf.

**ma chi me lo fa fare?**
*wer macht mich das machen?*
Wie komme ich dazu?

**che figura ho fatto?**
*welche Figur hab ich gemacht?*
Wie steh ich jetzt da?

**m'hai fatto fare una figuraccia.**
*du hast mich eine schlechte Figur machen lassen*
Jetzt steh ich schön blöd da wegen dir.

**M'ha fatto il bidone.** *Kanister*
Er hat mich verarscht/beschissen.

**non te la prendere!** *nimm's dir nicht*
Mach dir nichts draus!

**non te la prendere troppo a cuore!**
Nimm's dir nicht so zu Herzen!

## Kaputt/müde sein

**Sono stanco morto.**
Ich bin todmüde.

**Non mi reggo più in piedi.**
Ich kann mich nicht mehr auf den Beinen halten.

**Non ho chiuso occhio.**
Ich habe kein Auge zugetan.

**Non ne posso più.**
Ich kann nicht mehr.

**Sono sfinito.**
Ich bin völlig erschöpft.

*in Stücke* **Sono a pezzi.**
Ich bin fix und fertig.

**Ho i nervi a pezzi.**
Ich bin mit den Nerven am Ende.

*Siebenschläfer* **Dorme come un ghiro.**
Er/Sie schläft wie ein Murmeltier.

*die Nacht in weiß verbracht* **Ho passato la notte in bianco.**
Ich habe eine schlaflose Nacht hinter mir.

*hart* **Tieni duro!**
Halt durch!

## mies, beschissen

| | | |
|---|---|---|
| **Che barba/lagna!** | So was Langweiliges! | *Bart/Gejammer* |
| **stucchevole** | langweilig, widerlich | |
| **palloso** | stinklangweilig, ätzend | |
| **trito e ritrito/ fritto e rifritto** | abgedroschen, ausgelutscht | *zerkleinert/immer wieder gebraten* |
| **musone** | Miesepeter, Griesgram | *Riesenschnauze* |
| **È troppo!/ Adesso basta!** | Jetzt reicht's! | |
| **Basta così!** | Schluss jetzt! | |
| **Ho le palle piene.** | Ich hab die Schnauze voll. | *die Eier* |
| **Mi son rotto (le palle).** | Ich hab die Schnauze voll. | |
| **Questo è il colmo!** | Das ist ja wohl der Gipfel! | |
| **È una vergogna!** | Es ist eine Schande! | |
| **disgustoso** | widerlich | |
| **Che schifo!** | Wie eklig!/ Das ist ja widerlich! | |
| **Che sfacciataggine!** | Eine Frechheit! | |
| **Che film di merda!** | So ein Scheißfilm! | |
| **Una bella fregatura/ bidonata!** | Schöner Reinfall/ Beschiss! | |
| **topaia** | Dreckloch | *Mäusenest* |
| **tronato** | total daneben | *gedonnert* |

**meglio perderlo che trovarlo.**
*besser verlieren als finden*
Das kannst du vergessen.

## Kraftusdrücke

| | | |
|---|---|---|
| | **non me ne frega un cazzo!** | Das ist mir scheißegal! |
| *das kümmert mich nicht einen Schwanz* | **non me ne importa un cazzo!** | Das kümmert mich einen Dreck! |
| *reibe* | **me ne frego/infischio!** | Ich pfeif drauf! |
| *ficke* | **me ne fotto!** | Ich scheiß drauf! |
| | **sbattitene!** | Scheiß drauf! |
| *Eier* | **che palle!** | So ein Scheiß! |

## Pech haben

| | | |
|---|---|---|
| | **disgraziato/ povero cristo** | armer Teufel |
| | **iettatore** | Unglücksbringer |
| | **sfigato** | Pechvogel |
| | **Che sfiga!** | So ein Pech! |
| *geficktes* | **Che iella fottuta!** | Verdammtes Pech! |
| | **Ci siamo!** | Da haben wir's! |
| *mache* | **Non ce la faccio.** | Ich schaffe es nicht. |
| | **Non me ne va bene una.** | Alles läuft schief. |
| *Omlette* | **Ha fatto una frittata.** | Er/Sie hat Mist gebaut. |
| *gefickt* | **Siamo fottuti.** | Wir sind verloren! |
| | **Non arrenderti!** | Gib nicht auf! |
| *nimm's dir nicht* | **Non te la prendere!** | Mach dir nichts draus! |
| | **mi arrangio** | ich komme so zurecht |
| | **campare** | sich durchschlagen |
| | **me la cavo** | ich schlag mich so durch |
| | **frignare** | heulen, flennen |

**devo farlo – per amore o per forza.**
*aus Liebe oder mit Gewalt*
Ich muss es wohl oder übel machen.

**deve ingoiare il rospo.**
*die Kröte runterschlucken*
Er muss in den sauren Apfel beißen.

**fa buon viso a cattivo gioco.**
Er/Sie macht gute Miene zum bösen Spiel.

**Piove sul bagnato.** *es regnet aufs Nasse*
Ein Unglück kommt selten allein.

## Glück haben

**In bocca al lupo!** *ins Maul des Wolfes*
Hals- und Beinbruch!

**Che fortuna!**
So ein Glück!

**più culo che anima** *mehr Arsch als Seele*
mehr Glück als Verstand

**che culo che hai!** *Arsch*
Mann, hast du Schwein!

**fare tredici** *dreizehn machen*
einen Volltreffer landen

**hai fatto colpo.** *Schlag*
Du hast Eindruck gemacht.

*zufrieden wie Ostern* **È contenta come una pasqua.**
Sie freut sich wie ein Schneekönig.

*Rauch* **È andato tutto in fumo.**
Es hat sich alles in Luft aufgelöst.

*aufgepickt* **non si è beccato niente.**
Er hat nichts abbekommen./
Er hat sich nichts eingefangen.

*mit Hemd geboren* **È nato con la camicia.**
Er ist mit einem Silberlöffel im Mund auf die Welt gekommen.

## Quasseln, brabbeln

**me l'ha raccontato per filo e per segno.**
*mit Faden und Zeichen erzählt*
Er/Sie hat es mir haarklein erzählt.

**dillo chiaro e tondo!**
*klar und rund*
Sag es klipp und klar!

**non ha peli sulla lingua.**
*hat keine Haare auf der Zunge*
Er/Sie nimmt kein Blatt vor den Mund.

**È un raccontapalle. / È un pallista.**
*er ist ein Eiererzähler*
Er erzählt nur Blödsinn.

| | | |
|---|---|---|
| **ciancione/blaterone** | Quasselstrippe | |
| **chiacchierone/cicala** | Schwätzer | *Zirpe* |
| **brontolone** | alter Brummbär | |
| **boccaccia** | Lästermaul | |
| **cianciare/blaterare** | quasseln, schwafeln | |
| **spettegolare/ciarlare** | tratschen/lästern | |
| **sparlare** | über jemanden herziehen | |
| **canzonare/schernire** | verspotten | |
| **sfottere** | hänseln | |
| **bisbigliare** | tuscheln | |
| **borbottare** | brummeln, murmeln | |
| **brontolare** | murren, maulen | |
| **predicozzo** | Standpauke | |
| **fare una strigliata** | eine Standpauke halten | *Striegeln* |
| **sempre la stessa solfa** | das alte Lied, die alte Leier | *Leier* |

# Handzeichen

Ebenso wichtig wie die entsprechenden Slang-Ausdrücke sind die Gesten. Schließlich ist es ja nicht nur mit Worten möglich, seinen Mitmenschen mitzuteilen, was man von ihnen hält. Hier leisten Handzeichen wertvolle Dienste. Doch nicht immer bedeuten sie in Italien das, was man auf den ersten Blick vielleicht annimmt.

Damit es wegen missverstandener Hand*zeichen* nicht zu Hand*greiflichkeiten* kommt, werden die wichtigsten in Italien verbreiteten **gesti** hier kurz erklärt:

**Ma cosa vuoi?**
Was willst du? bzw.

**Che c'è?**
Was ist los?

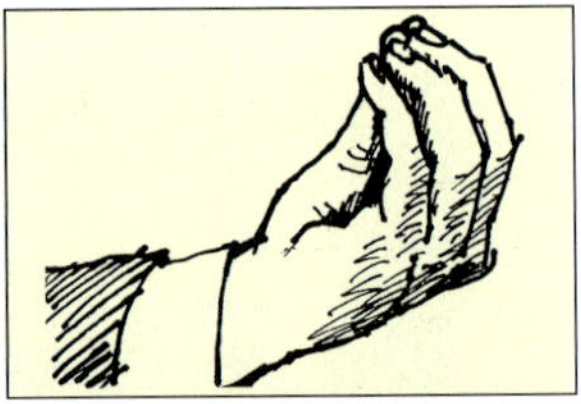

Bis Rom würde man sagen:
**Me ne frego.**
Ist mir doch egal.

Weiter südlich drückt die Geste Verneinung oder Ablehnung aus.

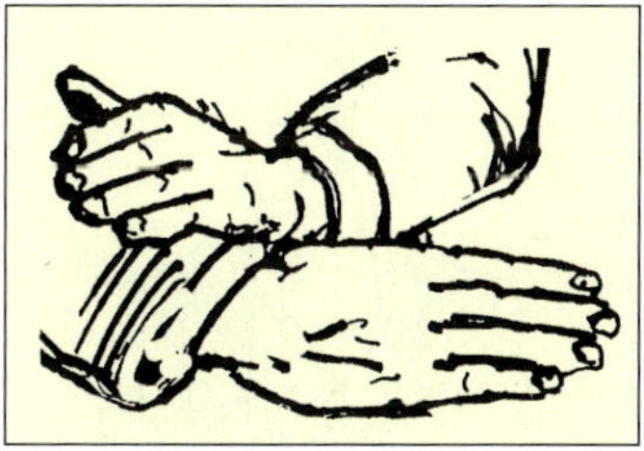

**Fila via!**
Hau ab!

Diese „Freundlichkeit" dürfte bereits zum allgemeinen Kulturgut geworden sein. Besonders beliebt unter Autofahrern, lockert sie die oftmals unpersönliche Atmosphäre auf den Straßen auf.

Auch den **cornuto,** den Gehörnten, zu erklären, ist wohl überflüssig.
Möchte man mal eine italienische Arztpraxis von innen besichtigen, ist dieses Zeichen genau das richtige.

**Stai attento!**
Pass auf!

Im Sinne von „Überleg, was du tust/sagst!“

In Spanien gibt man seinem Gegenüber damit zu verstehen, dass man ihn für schwul hält, was natürlich nur den Zweck hat, ordentlich zu provozieren.

In Italien dagegen steht das Zeichen für schön oder gut.

Von Rom aus nach Süden bedeutet der Griff ans Ohrläppchen das, was der Spanier durch das Drehen des Fingers auf der Wange ausdrücken will.
Wie man sich denken kann, verfehlt diese Geste nicht ihre Wirkung, wenn man gerne „hautnah” mit Italienern in Kontakt treten möchte.

# Non capisco un cazzo

## Böse Wörter

Bekanntlich sind ja Schimpfwörter des Fremdsprachen-Lerners liebstes Kind. Hier dürfte wohl jeder fündig werden. Dass man die unten aufgelisteten Freundlichkeiten zwar kennen, aber nicht unbedingt selbst anwenden sollte, versteht sich von selbst.

Die Intensität der Ausdrücke geht aus den im Deutschen gewählten Entsprechungen bzw. den wörtlichen Übersetzungen sehr deutlich hervor.

### Fluchen

| | | |
|---|---|---|
| **imprecare** | fluchen | |
| **imprecazione** | Fluch | |
| **scagliare un'imprecazione** | einen Fluch ausstoßen | *schleudern* |
| **Accidenti!** | Verflixt! | *Unfälle* |
| **Porca miseria!** | Verflixt und zugenäht! | |
| **Mannaggia!** | Verdammt! | |
| **Mannaggia la Madonna!** | Verflucht!, Kruzifix! | |
| **Porco dio!/ Porca madonna!** | Verdammte Schweinerei! | |

© Yuly Azrelyan, Fotolia.com

## Cazzo – wie kommt das Ding in aller Munde?

Eines der meistverwendeten Wörter des Italienischen ist zweifellos der **cazzo** (Schwanz), und man sollte sich nicht wundern, wenn ihn vom Schuljungen über den Mittvierziger bis hin zur Oma so ziemlich jeder, quer durch alle sozialen Schichten, im Munde führt. Keiner denkt mehr an die eigentliche Bedeutung, wenn er Ausdrücke wie die folgenden verwendet – man/frau sagt halt einfach so:

*kann aber auch Überraschung ausdrücken*

**cazzo!**
Verdammt!, Scheiße!

**cazzone**
Blödmann, Arschloch
*Riesenschwanz*

**non fare cazzate!**
Mach keinen Blödsinn!

**incazzato**
wütend

**incazzatissimo/incazzato nero**
scheißwütend

**non farmi incazzare!**
Treib mich nicht zur Weißglut!

**non me ne importa un cazzo!**
Das ist mir scheißegal!

**non capisco un cazzo.**
Ich verstehe nur Bahnhof.

**faccia di cazzo**
Arschgesicht
*Schwanzgesicht*

**testa di cazzo**
Arschloch
*Schwanzkopf*

**col cazzo che faccio questo!**
Einen Teufel werde ich tun!

**col cazzo che te lo dico!**
Du glaubst ja wohl selber nicht, dass ich dir das sage!

**dove cazzo l'ho messo?**
Wo zum Teufel habe ich das nur hingelegt?

**ma che cazzo dici?**
Was erzählst du denn da für'n Scheiß?

**che cazzo te ne frega?**
Was geht denn das dich an?

*das sind nicht deine Schwänze*
**non sono cazzi tuoi!**
Das geht dich einen Scheiß an!

*mach deine eigenen Schwänze*
**fatti i cazzi tuoi!**
Kümmere dich um deinen eigenen Scheiß!

**levati dal cazzo!**
Verpiss dich!

**non rompermi il cazzo!**
Du gehst mir auf'n Sack!

**mi sta sul cazzo!**
Er geht mir auf den Zeiger!

**È un rompicazzo.**
Er geht ganz fürchterlich auf die Eier.

*diesen Schwanz gebe ich dir!*
**'sto cazzo ti do!**
Ich scheiß dir was!

*für den Schwanz*
**per il cazzo**
für'n Arsch

**sono cazzi acidi/neri.**
Das gibt Ärger/Stunk.
*saure Schwänze, schwarze Schwänze*

**sono scherzi di cazzo.**
Sie ist schwanger.
*Schwanzscherze*

**mangiacazzi**
mannstoll
*schwanzfressend*

**si mangia il cazzo.**
Er platzt vor Neid.
*er isst seinen Schwanz auf*

## Beschimpfungen, Beleidigungen

**va a farti fottere!**
Leck mich am Arsch!
*lass dich ficken*

**vaffanculo! (= va a fare in culo)**
auch: **Va in culo!**
Leck mich!
*mach einen Arsch*

**mi caghi il cazzo!**
Du nervst total!
*du kackst mir auf den Schwanz*

**ti tira il culo?**
Du hast wohl den Arsch offen!
*zieht dir der Arsch?*

**schiaffatelo in culo!**
Fick dich ins Knie!
*wirf's dir in den Arsch*

**rompipalle/rompiscatole/rompicoglioni**
Nervensäge
*„Eier"-, Schachtelbrecher*

| | | |
|---|---|---|
| | **faccia da culo** | Arschgesicht |
| | **stronzo/coglione/ fetente** | Arschloch, Scheißkerl |
| *Stück Scheiße* | **pezzo di merda** | Drecksack |
| | **culone** | Fettarsch |
| | **grassone/ciccione** | Fettsack |
| *tote Hand* | **man morta** | Grapscher, Lüstling |
| *Schauer* | **guardone** | Spanner |
| | **pugnetta/segaiolo** | Wichser |
| *Lochfüller* | **bucaiolo** | Hurenbock |
| | **schifoso/viscidone** | widerlicher Sack |
| | **leccaculo/leccapiedi** | Arsch/-Fußlecker |
| | **ruffiano** | Speichellecker |
| | **santone/santarellina** | falscher Heiliger/ Scheinheilige |
| | **beghina** | Betschwester, Frömmlerin |
| | **racchione/scorfano** | Missgeburt |
| | **storpio** | Krüppel |
| | **scocciatore** | Quälgeist |
| | **brocco/buono a nulla** | Taugenichts |
| | **ficcanaso** | Topfgucker |
| | **spaccone/bullo/ trombone** | Angeber, Großmaul |
| | **venditore di fumo** | Schaumschläger, Hochstapler |
| | **cocco di mamma** | Muttersöhnchen |
| | **piagnone** | Heulsuse |
| | **cacasotto** | Hosenscheißer |
| | **pivello** | Grünschnabel |
| | **calabrache** | Schlappschwanz, Waschlappen |
| | **fannullone** | Faulpelz |

| | | |
|---|---|---|
| **secchione/sgobbone** | Streber | |
| **arrivista** | Emporkömmling | |
| **bellimbusto** | Lackaffe | |
| **stangona** | Bohnenstange | *große Latte* |
| **tappo** | Zwerg | *Stöpsel* |
| **schiappa** | Flasche | |
| **frana** | Trampel | *Erdrutsch* |
| **guastafeste** | Spielverderber | *Festverderber* |
| **brontolone** | Brummbär | |
| **matusa/decrepito** | alter Knacker | |
| **cafone/zoticone** | Flegel | |
| **luridone** | verkommenes Subjekt | |
| **fallito** | verkrachte Existenz | |
| **casinista** | Chaot | |
| **imbranato** | Tölpel | |
| **rammollito/fesso** | Trottel | |
| **scemo/cretino** | Idiot | |
| **sciattone/sciattona** | Schlampe | |
| **puzzola** | Stinker | |
| **straccione** | abgewrackter Typ | *Drecklappen* |
| **barbone** | Penner | |
| **gentaglia/canaglia** | Pack, Gesindel | |

## Minderheiten, Ausländer

| | | |
|---|---|---|
| **puttana/battona/ baldracca** | Nutte | |
| **troia/cagna/scrofa vacca/ciuccia cazzi** | Schlampe, schwanzgeiles Luder | *Hündin/Sau Kuh/Schwanzlutscherin* |
| **battere** | auf den Strich gehen | *schlagen* |
| **ragazza squillo** | Call-Girl | *Klingelmädchen* |

| | | |
|---|---|---|
| | **checca/checcarino** | Tunte |
| | **frocio,** | Schwuchtel, Schwuler |
| | **ricchione,** | |
| *Fenchel* | **finocchio** | |
| | **lesbica** | Lesbe |
| | **femminista** | Feministin |
| | **suffragetta** | Emanze |
| *„Polentafresser"* | **polentone** | S-Italiener über N-Italiener |
| *„Erdfresser"* | **terrone,** | N-Italiener über |
| *„Dattelverkäufer"* | **tamarro,** | S-Italiener |
| *„Afrikaner"* | **africano** | |
| | **crucco** | Scheißdeutscher |

Ansonsten verwenden Italiener gerne das Wort **porco** (Schwein) in Verbindung mit der Nationalität oder Zugehörigkeit, um irgendwelche Minderheiten zu beleidigen: **porco negro, porco fascista, porco nazista** usw.

# Mi piace da morire

## Zwischengeschlechtliches

Ob nun die Liebe des Lebens oder der one-night-stand, irgendwie muss man seine Begeisterung oder Enttäuschung ausdrücken:

**mi piace un sacco/mondo/casino/da morire.**
*er/sie gefällt mir einen Sack/eine Welt/ein Tollhaus/zum Sterben*
Er/Sie gefällt mir wahnsinnig gut.

**È uno schianto.** *Stich*
Er/Sie ist ein Wahnsinnsmann/
eine Wahnsinnsfrau.

**È proprio un(a) fuoriclasse.** *Sonderklasse*
Er/Sie ist wirklich ein(e) Supertyp/Spitzenfrau.

**È una bomba.** *eine Bombe*
Er/Sie ist irre.

**ben fatto** *gut gemacht*
gutaussehend

**ci sa fare.**
Er/Sie bringt's.

**ci sta.**
Er/Sie ist leicht ins Bett zu kriegen.

**mi fa schifo.**
Er/Sie ekelt mich an.

*sie wird zur Kuh* **si svacca. / Va in vacca.**
Er/Sie lässt sich gehen.

*bricht mir die Eier/ steht mir auf dem Schwanz* **mi rompe i coglioni. / Mi sta sul cazzo.**
Er/Sie geht mir auf den Sack.

*sehen/leiden/aushalten* **non lo/la posso vedere/soffrire/sopportare.**
Ich kann ihn/sie nicht ausstehen.

*ins Weiße gegangen* **È andato in bianco.**
Er/Sie ist abgeblitzt.

**ha/Fa il broncio.**
Er/Sie ist eingeschnappt.

**che bidonata!**
So ein Reinfall!

**cornuto**
gehörnt

**lo/la pianto.**
Ich verlass ihn/sie.

**lo/la scarico.** *entladen*
Ich säg ihn/sie ab.

**l'ha mollato/mollata.**
Sie hat ihn/er hat sie verlassen.

**l'ha piantato.**
Sie hat ihn sitzengelassen.

## Sie über Ihn

**Che figo!/Che figone!** *auch:* **fico**
Mann, ist das ein geiler Typ!

**il principe azzurro** *blauer Prinz*
Märchenprinz, Traummann

**un moscio/un maschi(li)sta/un montone** *(Hammel)*/**un stallone**
ein Schlappi/ein Macho/ein Hengst/ein Hengst

**ce l'ha grosso./un superchiavatore**
Er hat einen großen Schwanz./ein Superficker

**È ben dotato/fornito** *(ausgestattet)*/**c'ha un uccello asinino**
Er ist gut bestückt./er hat einen Schwanz wie ein „Eselsvogel"

## Er über Sie

| | | |
|---|---|---|
| | **Ammazza che culo!** | Irre, der Arsch! |
| | **Bona!** | Geil! (über eine Frau) |
| *läufig* | **È in calore.** | Sie ist geil. |
| | **una tettona** | eine Frau mit Riesenbusen |
| | **una culona** | eine Frau mit Riesenhintern |
| | **una passerottina** | ein Betthäschen |

*einen schönen Balkon* **c'ha un bel balcone!**
Sie hat viel Holz vor der Hütte!

*Karosserie* **mamma mia, che carrozzeria!**
Mann, hat die ein Fahrgestell!

*wie eine Hexe* **È brutta come una befana.**
Sie ist so hässlich wie die Nacht finster.

## Verliebte unter sich

Wer vorhat, sich in Italien zu verlieben, sollte wenigstens den folgenden Wortschatz mit auf die Reise nehmen:

| | | |
|---|---|---|
| *Äuglein machen* | **far l'occhiolino** | jemandem zuzwinkern |
| *Knopf annähen* | **attacare bottone** | anquatschen |
| | **abbordare** | anmachen |
| | **abbordaggio** | Anmache |
| | **approccio** | |
| | **corteggiare** | den Hof machen |

| | | |
|---|---|---|
| **flirtare/amoreggiare** | flirten | |
| **cuccare** | aufreißen | |
| **rimorohiatore/ cucador** | Aufreißer | |
| **tubare** | turteln | |
| **baciarsi** | sich küssen | |
| **sbaciucchiare/ pomiciare** | knutschen | |
| **accarezzare** | streicheln, liebkosen | |
| **il batticuore** | Herzklopfen | |
| **rimorchiare** | abschleppen | |
| **una tresca** | ein Techtelmechtel | |
| **un amoretto** | eine Liebelei | |
| **una relazione** | eine Beziehung/Affäre | |
| **una sveltina** | ein Quickie | *schnelle Nummer* |
| **innamorato** | verliebt | |
| **imbarcato** | verknallt | *eingeschifft* |
| **Mi son preso una cotta / sbandata.** | Ich habe mich verknallt. | *ich bin ins Kochen/ Schleudern geraten* |
| **Sono pazzo di te.** | Ich bin verrückt nach dir. | |
| **Brucio dalla voglia.** | Ich vergehe vor Verlangen. | |
| **Ti voglio bene.** | Ich hab dich lieb. | |
| **T'adoro.** | Ich bete dich an. | |
| **Ti amo.** | Ich liebe dich. | |
| **Voglio far l'amore con te.** | Ich will mit dir schlafen. | |
| **Voglio andare a letto con te.** | Ich will mit dir ins Bett. | |

| | |
|---|---|
| **tesoro/tesorino/tesoruccio**<br>**amore/amoruccio**<br>**cocco/coccolo/coccolone** | Schatz;<br>Liebling |

## Geschlechtsteile

Die mit * gekennzeichneten Ausdrücke sind mehr oder weniger gesellschaftsfähig.

### der Penis:

| | |
|---|---|
| **pene*** | **membro*** *(Glied)* |
| **cazzo** *(Schwanz)* | **lui** *(„er")* |
| **uccello** *(Vogel)* | **pisello** *(Erbse)* |
| **canna** *(Rohr)* | **mazza** *(Knüppel)* |
| **arnese** *(Werkzeug)* | **stanga** *(Latte)* |
| **pendaglio** *(Gehänge)* | **minchia** *(in Süditalien)* |
| **bischero** *(in der Toscana)* | |

### die Hoden:

| | |
|---|---|
| **testicoli*** | **coglioni** *(Eier)* |
| **uova** *(Eier)* | **palle** *(Bälle)* |

### der Po:

| | |
|---|---|
| **sedere*** | **didietro*** *(Hintern)* |
| **culo** *(Arsch)* | **chiappe** *(Arschbacken)* |

### die Scheide:

| | |
|---|---|
| **vagina*** | **fica/figa** *(Fotze)* |
| **fessura** *(Spalt)* | **tana** *(Höhle)* |

| | |
|---|---|
| **pozzo** *(Brunnen; Schacht)* | **buco** *(Loch)* |
| **potta** | **fregna** |
| **gnocca** | |

**die Brüste:**

| | |
|---|---|
| **seni*** | **tette** *(Titten)* |
| **zizze** | **poppe** |

## Er über Sie über Es

So weit, so gut! Das Vorspiel (**preludio**) wäre also – zumindest verbal – geschafft. Nun kann es zur Sache gehen. Schließlich muss man ja wissen, wie man „es" sagt – und außerdem: **Che male c'è?** Was ist Schlechtes daran?

| | | |
|---|---|---|
| | **arrappare** | aufgeilen |
| | **libidine/foia** | Geilheit |
| *brünstig* | **essere in fregola** | notgeil sein |
| | **focoso/voglioso/ arrappato/libidinoso/ infoiato/infuocato** | geil/scharf |
| | **ingordo** | gierig, unersättlich |
| | **Me lo/la son fatto/ fatta.** | Ich hab ihn/sie umgelegt. |
| | **mi si rizza/fa duro il cazzo** | Ich krieg 'nen Steifen. |
| *ich hab ihn hart* | **ce l'ho duro.** | Ich hab 'nen Steifen. |
| *er zieht endlos* | **mi tira all'infinito** | ich hab' einen Dauerständer |
| *er zieht nicht* | **Non mi tira più.** | Er steht mir nicht mehr. |

## bumsen, vögeln, ficken

| | |
|---|---|
| *Liebe machen* | **far l'amore** |
| *ficken* | **ficcare** |
| *fegen* | **scopare** |
| | **fare una scopata** |
| *anschmieren; linken* | **fottere** |
| | **fare una fottuta** |
| *kopieren* | **cupiare** |

| | | |
|---|---|---|
| **mietere** | | *mähen* |
| **chiavare** | | *nageln* |
| **fare una chiavata** | | |
| **montare** | | *besteigen* |
| **cavalcare** | | *reiten* |
| **fare un giro** | | *eine Tour machen* |

| | | |
|---|---|---|
| **orgasmare** | einen Orgasmus haben | |
| **arrivare** | kommen | *ankommen* |
| **sborrare** | abspritzen | |
| **la sborra/la panna** | Sperma, Saft | *Sahne* |
| **succhiatore/ bocchinaro, -a/ pompinaro** | Bläser(in) | |
| **succhiare** | blasen | *saugen; lutschen* |
| **fare un bocchino** | | *Mündchen machen* |
| **fare un pompino** | | |
| **sbocchinare/spompinare** | | |

... und hier, was sonst noch von Interesse sein könnte:

| | | |
|---|---|---|
| | **fottere alla pecorina/ inculare** | von hinten nehmen/ Arsch ficken |
| | **un'inculata/ sculacciare** | ein Arschfick/ Arsch versohlen |
| *Anhäufung* | **un'ammucchiata** | Gruppensex |
| | **bisex** | bisexuell |
| | **omosex** | homosexuell |
| | **lesbica** | lesbisch |
| *Schauer* | **un guardone** | ein Spanner |
| | **un trans** | ein Transsexueller |
| | **un sadomaso** | ein Sadomasochist |

| | | |
|---|---|---|
| | **masturbarsi** | onanieren |
| *Frauen:* | **farsi un ditalino** *(Fingerchen machen)* | |
| *Männer:* | **farsi/spararsi una sega** *(sich einen absägen)* | |
| | **farsi una pippa** *(an der Pfeife ziehen)* | |
| | **farsi una pugnetta** *(eine kleine Schlacht liefern)* | |

## Liebe Leser ...

*Für verwertete Ergänzungen und Hinweise zeigt sich der Verlag mit einem Freiexemplar der nächsten Auflage erkenntlich.*

Damit „Italienisch-Slang" aktuell bleibt und erweitert werden kann, brauche ich die Hilfe der Leser. Täglich entstehen neue Ausdrücke, andere kommen aus der Mode. Wenn Sie also auf Ihren Reisen Wörter und Formulierungen aufschnappen, die hier noch fehlen, dann schicken sie mir doch diese Funde (möglichst unter Angabe der entsprechenden Region) an die Verlagsadresse.

# Literaturhinweise

Es ist schwer, Hinweise und Tipps zu Literatur über „Italo-Slang" zu geben, da es zum einen an wirklich empfehlenswerten Büchern mangelt und zum anderen viele der guten Titel italienische Veröffentlichungen sind, die hier wohl nur schwer zu bekommen sind.

Unentbehrlich für jeden, der sich auf irgendeine Weise mit der italienischen Sprache beschäftigt, ist ein gutes Wörterbuch. In bezug auf Slang kann es hier nur eine einzige Empfehlung geben, nämlich das PONS GLOBALWÖRTERBUCH. Hier bekommt man für etwa 22,-- Euro in zwei Bänden erstaunlich viel Umgangssprache geboten, womit alle anderen Anbieter ihre Seiten anscheinend nicht „beschmutzen" wollen.

Bei den Sprachbüchern seien die von Rowohlt veröffentlichten Werke des Sprachkollektivs SENZAPAROLE genannt, über deren pädagogischen Ansatz man zwar einerseits geteilter Meinung sein kann, die andererseits aber ein „realistisches" Italienisch vermitteln.

Die übrigen in Deutschland angebotenen Titel kranken zumeist entweder an „Altersschwäche" oder an „Authentizitätsmangel", weshalb ich hier keine weiteren Namen aufführen möchte.

# Wortregister

*Auf den folgenden Seiten findet sich ein alphabetisch geordnetes Verzeichnis aller Be-griffe, die in diesem Buch vorkommen. Es soll dem behilflich sein, der einen Ausdruck gehört hat, aber nicht weiß, was er bedeutet. Hinter jedem Eintrag steht die Seitenzahl, auf der ein Ausdruck mit diesem Wort vorkommt. Kommt es in mehreren Wendungen vor, stehen mehrere Seitenzahlen dahinter.*

## A



## B

M



N



O



P

## Q



## R



## S

# Der Autor

**Michael Blümke:** „Sprachen und klassische Musik – seit jeher meine großen Leidenschaften. Glücklicherweise gelang es mir, beide zu meinem Beruf zu machen. Als Dozent, Übersetzer, Lektor, Journalist und Buchautor konnte ich sowohl meiner Liebe zu den Sprachen wie auch der zur klassischen Musik frönen. Seit 1999 bin ich als PR Manager für ein bekanntes Klassiklabel tätig."

Von Michael Blümke sind außerdem im Reise Know-How Verlag erschienen:

**Italienisch kulinarisch**
*Kauderwelsch Band 144*
ISBN 978-3-89416-549-9

**ReiseWortSchatz Spanisch**
ISBN 978-3-89416-598-7